U0141747

超高齡
紅利時代

人口未來學家帶你讀懂銀髮海嘯的
危機與商機，打造長壽經濟的行動指南

THE
SUPER
AGE

Decoding Our Demographic Destiny

人口未來學家 **布萊德利·雪曼 Bradley Schurman** 著

周宜芳、鄭淳怡 譯

目錄

| 第一部 | ## 壽命簡史

第 1 章　無所不在的老化趨勢　　　26

超高齡時代靜靜地走來，影響地球上幾乎所有經濟體。如果沒有任何作為，人類將面臨嚴峻的結構性挑戰。

迎接超高齡時代
共創健康未來

石崇良　中央健康保險署署長

　　台灣於 1993 年邁入高齡化社會，至 2018 年成為高齡社會，根據國發會的推估，2025 年台灣將邁入超高齡社會。人口老化的趨勢對產業、勞動力、教育、醫療保健、公共政策及環境等眾多領域產生了深遠影響，以及一連串的挑戰，也同時帶來機會，如果能夠有效應對，就能創造出更加繁榮、美好的社會。

　　這是一本關於現代社會如何因應人口結構變化及長壽帶來的挑戰與機遇的書籍。作者雪曼長期研究人口變化的趨勢，透過歷史脈絡進行回顧，以全面的視角揭示了人口老化浪潮對社會、政治、文化及經濟的影響，並解釋這些變化如何重塑社會、政治、文化型態及經濟規範。作者也在書中探討公私部門從過去到現在因應人口老化的相關發展及策略，並指出政府政策的重要性，例如提倡健康生活方式、加強預防醫療、推動長照政策等。強調積極地透過跨世代、跨部門的共同合作，有效管理人口結構變化造成的種種挑戰，將為我們的社會迎來更大的公平與穩定。

全民健康保險自開辦以來，始終專注於提升全民健康福祉，成為守護全民健康的堅實支柱。隨著高齡人口迅速增加，以及醫療科技的高速發展，近年全民健保角色更加著重向前結合預防保健、向後銜接居家與長照之全人全程健康照護。本署亦持續推動各項改革政策如「大家醫計畫」、「代謝症候群防治計畫」及「居家醫療整合照護計畫」等，並透過「銜接出院準備服務」整合長照資源。

誠如書中所言，面對超高齡時代，如選擇超前部署、正面應對，將有機會為每個人創造更積極、更有成效的生活。誠摯地推薦所有想參與、正在參與的社會大眾，一起來看這本書，共同為超高齡社會創造更多的紅利。

序二

迎接下半場人生旅程

李宗勇　台灣銀髮產業協會理事長

你是否想過，如果退休後還有 30 年的歲月要過，你會怎麼準備下半場的人生旅程？倘若還沒想過這個問題，那麼伴隨超高齡時代而來的長壽，究竟會是禮物，還是負擔，就需要好好思考了。

想要迎來美好的人生下半場，個人應要做好以下準備：

首先，**健康自主很重要**。因為健康餘命比長壽的年齡餘命來得更重要，也就是說，一個人能健康地活多久比能活多久要更有意義。如何自主健康，我認為維持運動、維持興趣，以及維持人際關係，這三件事很重要。

其次是**知識再造**。如果一個人只專注於將學校所學的知識投入職場，30 年下來，肯定會變成頑固守舊的老人。所以，我們需要養成終身學習的習慣，不斷探索新知識並且與時俱進，這樣才能與跨世代的年輕人對話，互相分享共進。

第三是**職涯延續**。人口老化加上少子化，百業缺工問題只會愈來愈嚴重，繳稅人口減少對經濟的衝擊也會造成許多社會問題，退休年齡勢必將往後延長。此外，為了延遲消耗退休儲蓄，高齡者重返職場的需求也逐漸增加，世代共創新經濟之路不可避免。

除了個人的因應準備，企業也要及早面對消費人口結構變化，並對消費習慣的轉變做出反應。書中提到了許多具體做法，像是日本 AEON 超市把高齡產品的擺放從後方移到前方、食品增加單人份包裝以避免分食的不便，單是這些改變就讓公司獲利增加 10%。以及，蘋果手錶（Apple Watch）有三分之一的使用者超過 55 歲，因為這項產品能滿足中高齡族群關心健康的需求。

關於高齡經濟，有幾個特色值得我們注意：其一，什麼是終端使用者需求的樣貌？更重要的是誰來付錢？（很多蘋果手錶是子女買給父母親的）其二，高齡經濟的產業鏈要跨業整合，如此才能降低成本、擴大市場規模。其三，避免年齡歧視被標籤化，讓高齡產品走向全齡產品的通用化設計，降低高齡者購買的心理障礙。

除此之外，作者也在書中提醒政府與企業，應積極對高齡族群提供再就業的工作機會，既能解決部分缺工問題，同時還能增加稅收、擴大消費群、減少負面健康事件與成本。

　　超高齡時代勢必對未來社會、經濟造成重大影響，這是我們無可迴避的課題。透過這本書，你會發現，我們其實大有機會能將負擔變成紅利、把危機化為商機，而關鍵就在我們下一步決定怎麼做。

序三

解碼多元共融的超高齡時代

　　在未來學的情境規劃視角中，人口結構始終是決定未來社會樣貌的重要驅動力。人類社會從未同時面對出生率下降與壽命大幅延長的兩種衝擊力量，幾乎可確定，即將到來的超高齡時代將是歷史上我們從未經歷的社會情境，所有今日既定習慣的知識系統與社會常識，全數需翻轉改變。

　　人口未來學家雪曼這本新書《超高齡紅利時代》，如同英文書名的 Decoding，是對超高齡時代進行解碼的最新版本，正如書中對新冠疫情階段解讀的高齡社會啟發，本書也可說是人類社會從疫情復甦邁向超高齡時代的解碼新指南。就台灣社會而言，在即將邁入超高齡社會的 2025 年前夕出版本書是別具意義的。如書中所提，過去符合超高齡定義的國家僅有德國、義大利、日本，但短短數年間至 2020 年，全球已有 10 個國家邁入超高齡社會之林。所有國家雖有不同的文化脈絡挑戰需面對，但也有可資相互模仿學習的地方。

　　就讀者而言，超高齡社會並非僅是老年學家或人口學家的案頭專業，而是我們的日常生活。今日 20 歲年輕人與祖母對談的機會，還比 100 年前同齡青年與在世母親對話的機率高。另一種對百歲人生的理解角度是，過去的人生規劃多是以 20、40、20 年的 1：2：1 進行準備，壽命加長後的人生可能成為 1：2：2 的新配置。面對第三段所謂「加長的中年」（middle-plus years）的新人生階段，不論政府、企業、家庭，我們其實都還沒做好準備。

　　雪曼這本書從大歷史觀來回應這個問題，自非常精采的中世紀老年與社會歷史切入，一路鑑往知來看嬰兒潮世代造成的商業消費社會改變，並預言未來多元共融的超高齡社會。書中許多由豐富跨國個案所支持的觀點，均值得深入探索。例如，超高齡社會下的高齡者其實極具多元性、關於長壽的不平等正在發生、日漸受重視的高齡歧視議題其實也包含高齡者彼此間的歧視（書中亦提到，疫情期間高齡者的離世常是因為我們的漠視），不論是公共政策、退休產業、零工經濟下的社群媒體平台，都需面對此新興的高齡不平等問題。

本書也以「礦坑裡的金絲雀」比喻農村地區，美國已有三分之一的農村郡縣邁入超高齡社會，我們今日的農村公共政策（例如交通、適老住所、衛教服務等）也都是未來超高齡社會的模擬實驗，因為這就是未來整個社會的人口結構分布。亞洲國家包括台灣，近年投入的地方創生政策，乃至社區設計與在地老化（Aging in Place）措施，其實正是全球邁向超高齡生活情境的某種政策模型。本書也特別提到 Airbnb 針對台灣農村高齡房東所推出的服務專案。

　　最後，老年人口龐大的多元性其實也具積極意義，我們未來面對的將是跨世代多元市場的眾多新產品服務，與近年強調的銀髮經濟商機略有不同。本書認為，對今日中高齡族群（或台灣所稱的「壯世代」）而言，50 歲女性可能是祖母也可能是新手媽媽，我們也在疫情中發現「科技使人平等」，因此未來的銀髮商機是具備多元需求的，甚至是與年輕世代差異不大的無齡消費時代。超高齡時代的高齡消費者不再是僅偏好米白色、重視功能重於形式的刻板消費世代。往後的企業求職方針會是召募每一個世代，教育與訓練也應兼顧所有世代的需求。

　　本書提到，超高齡時代的基本態度是「我們希望增加人生的全盛時期，我們希望增加個人貢獻的長度」，而不同的生命歷程造就不同的全盛貢獻方式，不同的貢獻需求也將改變產業與社會家庭結構，這是即將開展的多元共融未來。

雪曼在本書最後一段寫到，超高齡社會跨越文化的共同目標，便是法國人說的 raison d'être 或日本人的 ikigai，意即「存在的理由」。是的，我們都在尋找自己存在的理由，如同所有老年學研究者最終都將成為自己的研究對象，而所有的讀者也都該成為老年學與老年社會研究者，因為這裡有我們存在的理由。

羅馬時代西塞羅在其著名的《論老年》一書結語說到：「晚年的最佳保護鎧甲，是一段在老之前好好度過的生活，一段被用於追求有益知識、光榮功績與高尚品德的生活。」也許，就讓我們從這本書開始。

序四

壽命延長正在改變整個生命歷程

蔡昕伶　銀享全球創辦人暨執行長

　　近幾年，以高齡為主題的中英文書如雨後春筍般出現在市面上，這對 10 年前創立銀享全球，期待以正向觀點回應人口結構改變所帶來衝擊與機會的我來說，是個十分樂見的現象。

　　這回友人雪曼新書的中文版即將問世，此書不僅以巨觀的角度闡述「超高齡時代」這個新紀元的到來，更以鮮明案例展現這對個人生命歷程的影響。在這個新紀元，每個世代的人都面臨沒有前例可循的生命歷程（求學、離家、成家、工作、退休等）轉變。書中給了多元的例子，讓你看到年紀不再主導生活型態，而是由一個人的價值觀與所在意的事物決定。雪曼與我們分享了幾個市場上的先行者，他們不以特定年齡來挖掘客群的痛點，而是看到跨世代共同的關注與需求，進而發展對應的產品及服務。

我於 2013 年認識當時就任於擁有近 3,800 萬名會員、全世界最大的社團組織 AARP 樂齡會的雪曼，因著他對亞洲人口快速高齡化的關注，我們積極邀請他來台參與年度活動「銀浪新創力國際週」。他總熱情地論述長壽紅利（年長員工生產力）所帶來的經濟與社會效益，分享新加坡、日本等亞洲國家在這個區塊所做的努力。但時至今日，年齡歧視依舊無所不在，這無疑限制了長壽紅利。從這本書中，我驚喜地看見幾個企業的推動，從提升數位能力到減輕勞動工作對體能的負荷等，書中的例子與建議可以提供公、私部門解鎖長壽紅利的益處。

　　我一直相信，我們面臨的人口老化將帶來更多機會。不論你屬於哪個世代，此書將帶給你面對超高齡時代的指引，讓你看到各代人更有歸屬感、更有活力地生活的可能，以及你我需要做的改變。

一部完整的超高齡時代設計藍圖

劉世南　台灣設計研究院研發長

　　全球高齡化已是必然的變遷，我們需要對未來有完整的創見。《超高齡紅利時代》挑戰對老化與人口結構變化的傳統看法，書中獨到見解，將啟發讀者對未來的開創。

　　作者雪曼不斷提醒我們，人口老化與長壽規模是前所未有的，這意味著社會、經濟與文化結構的根本轉變。此外，超高齡時代是關乎所有世代的轉變，社會必須重新考慮從教育到就業，再到退休等一系列生命階段的再設計，這需要政策制定者、社會各界重新思考如何更好地利用人的壽命資源，創造一個更加包容與支持跨世代合作的社會結構。老化和長壽不僅是社會挑戰，也是經濟和創新的機會，可以驅動新科技與產業開發，激發經濟增長與社會創新。重新定義老年與全面設計人生階段、社會參與，社會應該鼓勵並支持老年人在教育、工作及社會參與等方面繼續貢獻自己的力量，同時重新構想老年生活的幸福在全生命的意義。超越年齡歧視，強調年齡多樣性對於創建健康與包容的混齡社會的重要性。

德不孤，必有鄰，同樣探討人口老化和社會變遷的著作，如《長壽革命》（*The Longevity Revolution*）、《老化：長壽紅利大趨勢》（*Aging: The Longevity Dividend*），都說明了全球人口老化是一個重要且不可逆轉的趨勢，將對社會、經濟與政策制定產生根本影響。《凝視死亡》（*Being Mortal*）指出提供高質量老年生活的問題，《人口浪潮》（*The Human Tide*）涵蓋了人口的增長、流動對全球歷史與政治的影響。《100 歲的人生戰略》（*The 100-Year Life*）則探討如何規劃延長的職業生涯與個人生活。而雪曼的這本書超越了這些論述，其創新之處在於：對跨世代合作的重視，經濟與創新機會的社會設計，以及對未來策略的行動建議。

我一直關心什麼是對長者最好的生活安排，累積了 20 多年的研究。我曾經參與工研院「銀髮族的生活型態」計畫，開發老人科技、老人商機。現在與 MIT 年齡實驗室（Agelab）合作高齡科技研發。2004 年起參與國科會國家計畫，進行高齡社會的社會規劃，現在正與史丹福長壽中心（Stanford Center on

Longevity）合作「人生新藍圖」（New map of life）計畫，即是百歲壽命的社會設計。在這項為期 10 年的跨國研究，分別有德國、美國、香港及台灣的參與，探討各國在不同社會政治經濟的背景下，各個世代在面臨高齡化的不同理解及生命的準備。從人本智慧生活科技及文化與意義幸福，我一路探索反思研究進程與理路，發現本書是我反芻從科技、社會、文化與生活，一部完整超高齡時代的設計藍圖。

本書描繪出面對人口老化挑戰和機遇的新視角，呼籲全社會共同應對這一全球性趨勢，同時指引我們如何在超高齡時代中尋找平衡，發掘潛力，創造一個更加公平、活躍與互助的社會，對所有讀者來說都是展望未來、創造新機的指南針。

前言

重塑世界的新起點

　　這本書不討論老化或變老，也不是長壽的路線圖，你在這裡找不到「好好變老」的秘訣。這本書不談長壽科學，對醫療保健、退休金或安養院這些通常與老人相關的重要主題也毫未著墨，更不探究老年醫學和老年學這兩門當今的顯學。

　　這本書要探討的是，出生率下降與人類壽命大幅延長（長壽）這兩大趨勢如何滙流，交織成一股超級大趨勢，創造出一個與過往截然不同的社會，不論高齡化程度或世代多元性，都更甚以往。這股趨勢通常被稱為「人口老化」（population aging），是重大事件，將顛覆並重塑大部分現有的社會、政治、文化與經濟規範。受影響的不只是那些大型已開發經濟體，即使是最小的、新興的經濟體也躲不過。它正在引領我們進入我稱之為「超高齡時代」（The Super Age）的新紀元，與歷史上其他任何時期都截然不同。

　　200 多年來，人口老化持續緩慢而安靜地發生。雖然在近數十年加速發展並變得更顯著，但這股超級大趨勢所受到的關注，至少在大眾心目中，向來不敵當前其他熱門話題，像是全球化、自動化、數位化、城市化和氣候變遷。不過，情況即將改觀。全球流行疫疾的出現，加上社會、種族與政治的紛擾，以及預期壽命的縮短，老年人口的遭遇由此被突顯，很少有人可以忽視。幾乎在所有方面，新冠肺炎疫情的出現，加上我們對這場大疫雜亂無章的應對措施，都讓我們對已經在發生的人口變化更有感，也有助於我們認識到日益高齡的長者需求。

　　不同於其他的重大趨勢，人口老化是不容爭辯的事實。幾個世紀以來，我們累積了透過人口普查等機制而來的詳實統計，加上挨家挨戶查訪的普查員所做的貢獻，各國都能夠掌握關於國民與人口概況的精確圖像，包括年齡。我們手中已有明確的未來人口地圖，但這些變化將為社會和經濟帶來什麼樣的衝擊，我們還不清楚。

　　人口老化的現實，正以驚人速度在我們周圍蔓延。無論你是否察覺，你的生活、你的家人和朋友的生活，還有你的鄰居、同事，乃至全世界每一位公民的生活，都在這場人口大變

全球人口老化趨勢

1950 至 2018 年的年齡分布（按性別）及聯合國對未來的預測（至 2100 年）

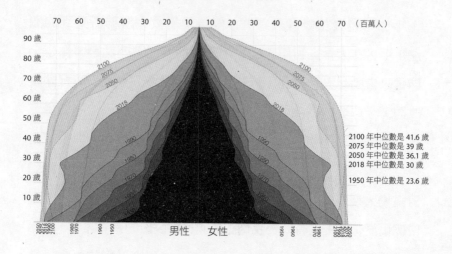

2100 年中位數是 41.6 歲
2075 年中位數是 39 歲
2050 年中位數是 36.1 歲
2018 年中位數是 30 歲

1950 年中位數是 23.6 歲

資料來源：聯合國人口司。採中等出生率推估。圖像取得網站為 OurWorldinData.org，這裡可以找到更多關於世界變化態勢與原因的研究。CC-BY 授權者：Max Roser。

遷中扮演某個角色。有些人將在這段期間面臨重大挑戰，公職人員與政府的處境尤其艱難，必須努力因應可能不討喜的政策決定，包括重新構思在一個世代以前仍是不容異動的社會福利計畫。

然而，只要個人和組織願意接受挑戰，並正視這個新時代的現實，社會豐富化（social enrichment）與經濟變革所蘊藏的機會將遠高於成本，特別是對私部門來說。

　　在打造超高齡時代的未來工程中，你我都將參與其中。我們都會變老，都要照顧老去的家人，也都必須面對新時代的快速變化。這樣的巨大轉變，為我們開啟了重塑世界的機會，而超高齡時代可以成為一個更公正、更平等、跨世代凝聚力更強的時代。

1

壽命簡史

第1章

無所不在的老化趨勢

超高齡時代靜靜地走來，影響地球上幾乎所有經濟體。如果沒有任何作為，人類將面臨嚴峻的結構性挑戰。

變動不可避免，這是人類很久以前就明白的道理，但是不知怎麼地，偶然觀察到變動的人仍然會驚訝不已。能夠辨識、理解、適應或善用變動的人，往往能成為大贏家，像是賈伯斯、貝佐斯、巴菲特。

有時候，變化來得很慢，不會敲鑼打鼓。有時候，變化會石破天驚，以全球疫疾大流行這等深具破壞力的面貌現身。無論如何，這種情況隨時都在發生。如果你找對地方，就能親身體驗。

世界各地的人口變化也是如此。在人類歷史的大部分時間裡，平均年齡並沒有太多變化。即使是最黑暗的時期（例如遭遇戰爭、飢荒和自然災害）及進步飛躍時期，平均而言，社會仍然是年輕人的天下，老年人非常少。這是因為大多數人在出生、嬰兒期或童年時就死亡，只有少數人能倖免於營養不良、疾病、自然與人為災害的挑戰，長成健全的大人。能活到老年的又更少了。

自從人類開始直奔工業化、邁向進步，社會就一直在老化，至少在工業化的西方世界，這種轉變在 200 多年間緩慢開展。然而，人口轉變在過去百年中加速，大約在 20 世紀中期達到高峰：預期壽命近乎翻倍，出生率陡降。在一些國家，這種轉變的速度更快，像是日本，在不到一個世紀的時間內就發生變化，而包括中國在內的一些國家，甚至只花半個世紀或更短的時間。

在 2020 至 2030 年這 10 年中，有些大型的已開發經濟體，以及最小、最落後的經濟體，會變得異常高齡化。到 2030 年，全球 195 個國家當中，至少 35 國有五分之一以上的人口超過 65 歲（傳統退休年齡）。未來兩年，美國 65 歲及以上的人將和 18 歲以下的人一樣多。到 2050 年，全球有六分之一的人口超過 65

歲，其中四分之一在歐洲和北美。最令人驚訝的是，到 2050 年，80 歲及以上的人口數預計將三級跳，從 2019 年的 1.43 億增加到 2050 年的 4.26 億，是全球成長最快的人口群體。[1]

人口變遷看得見

在人類歷史的大部分時間裡，人口圖看起來就像金字塔，底層是人數龐大的兒童，少量的老年人位於頂部。從古典時期到 19 世紀中葉，人類平均壽命維持在 30 歲上下。但這項統計數據扭曲了世界的真實面貌：嬰兒與兒童死亡率高，公共衛生條件普遍低落，也沒有什麼財務安全保障。對於絕大多數的人來說，生活是艱辛且短暫的，然而富裕的特權階級則大有機會活到我們今天認為的老年。前者最好的例子就是位於非洲的尼日共和國，它是全世界最年輕的國家，超過半數人口在 14 歲以下。相較之下，摩納哥有一半以上的人口超過 53 歲。

人口變遷的型態是一波一波而來，而且大致與經濟、科技的重大發展與顛覆時期（例如工業革命）有關。世界經濟論壇（World Economic Forum）創辦人兼執行主席克勞斯・施瓦布（Klaus Schwab）在《第四次工業革命》（*The Fourth Industrial Revolution*）一書中提到，歷史上曾經歷過四個工業革命時期，

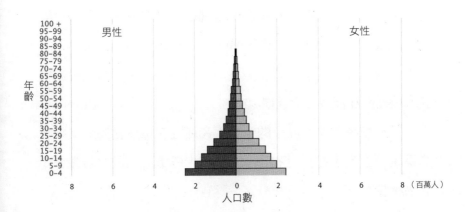

2022 年尼日的人口金字塔

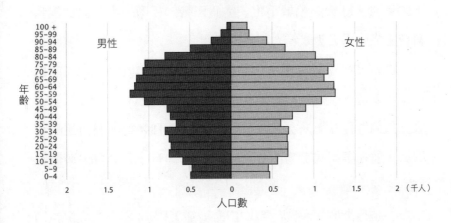

2022 年摩納哥的人口金字塔

資料來源：美國人口普查局國際資料庫

包括從 2011 年開始到當下的這一個。根據他的描述，工業革命是一段為時數年的期間，而在這段期間，「由於新科技與新世界觀的出現，引發經濟與社會結構的深層變動」。[2] 蒸汽動力、科學與大規模生產時代，以及數位革命等進步，全都發生於我們正在經歷的科技與社會巨變之前。

一般來說，原始社會的出生率和死亡率都非常高，其中大多數的死亡發生在嬰兒和青少年身上，導致人口成長緩慢，年長者很少。

隨著社會成熟進步，生活水準提高，乾淨飲水與安全食品、住家與衛生設備、醫療與疫苗都變得更加普及，早夭人數大幅減少。社會開始城市化，從農田轉向工廠，大眾更加依賴科技來完成過去總是親力親為的工作。

在這個轉型過程中，人們繼續生養眾多，同時壽命也開始延長，於是整體人口規模擴增，而且年齡更大。在已開發國家，這個過程在第一次工業革命（1760 至 1840 年）接近尾聲時展開，並在第二次工業革命（1860 至 1920 年）的大部分時間裡持續加速。

在這段期間，美國的平均壽命增加了約 14 年，總人口也增至三倍。

已開發國家人口金字塔

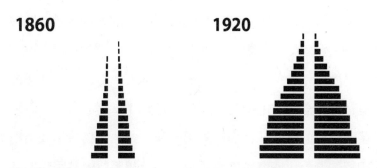

1860   **1920**

隨著社會不斷進步，科學與教育領域也持續往前推進，兒童長大成人的機會大幅提高，平均出生人數也減少了。社會轉型成一個出生率低、嬰兒與兒童死亡率低、整體死亡率穩定與更長壽的社會。這股趨勢在第二次工業革命晚期展開，並在第三次工業革命（1960 至 2010 年）持續發展至今。最令人印象深刻的成就發生在 20 世紀。

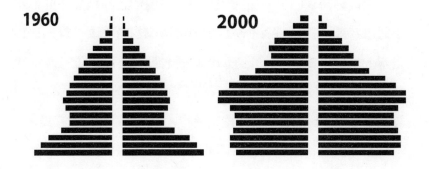

1960   **2000**

20 世紀，全球平均壽命幾乎翻了一倍。在富裕國家，子女數開始減少，而活到退休年齡這件事，從原本是富裕少數群體的特權，變成所有人都能懷抱的期望。人口金字塔開始呈現方型，兩邊的斜度變小。養生村、美國最大退休人士協會 AARP 樂齡會，還有我最喜歡的電視劇《黃金女郎》（*The Golden Girls*），都是這個時期的產物。在壽命的另一端，青少年與青年成為獨立又獨特的群體，滿懷希望與需求（以及想要為他們服務的完整產業）。

近年來，高齡化速度加快，愈來愈多國家的 65 歲以上人口將占總體人口達 20%。這個變化標示著超高齡時代的開端：人類史上第一次，老年人口數量超越年輕人口。

超高齡時代的意義

超高齡時代的世界與我們至今所身處的世界截然不同。才不過幾年前，符合超高齡時代定義的國家只有德國、義大利和日本，但到了 2020 年，已有 10 個國家跨過這個門檻。過去 10 年期間，不只在工業化國家，甚至在愈來愈多像古巴、喬治亞等貧窮小國，超過傳統上退休年齡的人口占比都將持續成長。

超高齡時代靜靜地朝我們走來，沒有敲鑼打鼓。2018 年，地表 64 歲以上的人口數首度超過未滿五歲的兒童，而大眾媒體對這件事卻隻字未提。在超高齡時代，人們的壽命更長，孩子將會更少，「退休後的老年人」（一般定義是 65 歲及以上的人）在某些社會至少占人口的三分之一，就像當前的日本，以及美國的一些農業城鎮。

面對這樣的人口變化，如果我們沒有任何作為，就會面臨嚴重的結構性挑戰。例如，倘若退休年齡不變，預期壽命持續延長，那麼領退休金和醫療福利的人就會相對增多，而工作和繳納所得稅的人相對減少，導致我們必須對當前不斷萎縮的勞

2022 年德國的人口金字塔

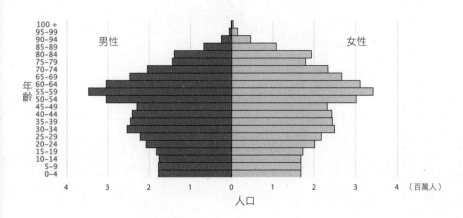

資料來源：美國人口普查局國際資料庫

2022 年義大利的人口金字塔

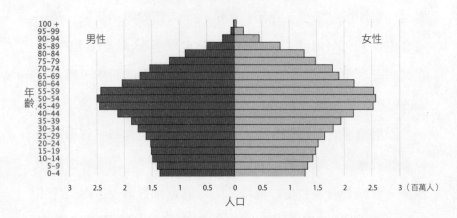

2022 年日本的人口金字塔

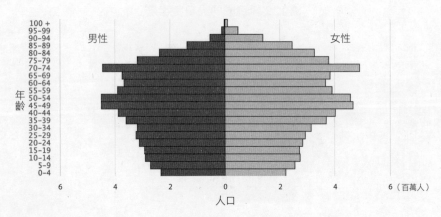

資料來源：美國人口普查局國際資料庫

動力課徵極高的稅率，造成世代衝突加劇和經濟停滯。繼續將退休年齡訂在 65 歲的社會，還會面臨缺工問題，進而推高工資，導致通膨，讓每一樣東西都變得更昂貴。這對退休人士或靠固定收入生活的人來說，會是辛苦的重擔。

超高齡時代也將改變產品和服務的市場，為一些公司創造機會，同時也帶來問題。老年人數量增加，將為老人專屬的產品和服務開拓更大市場，甚至在某些產品類別中，老年人會完全取代年輕人。在日本，成人尿布產量已經高於嬰幼兒尿布。幾乎所有產品或服務類別的各類企業，都必須改變商業模式，才能跟上人口老化的消費者樣貌，這對企業向顧客做行銷與溝通的方式構成挑戰。愈來愈多公司必須思考如何吸引年長或不同世代的受眾，而這是他們從來沒有做過的事。

例如，美國新車市場有三分之二的購買者年齡超過 50 歲；蘋果手錶使用者平均年齡為 42 歲，而且逐年攀升。年長者也帶動了都市豪華公寓的成長和居住成本。活躍、富裕的老年人可能是行銷人員的新千禧世代，而這意味著企業的經營重心可能會轉向，偏離近一個世紀以來始終是目標受眾的年輕世代。企業若想要在這段時期生存下來，就需要為老年消費者或不同世代的受眾開發產品和服務。

在超高齡時代，受到終身學習等新思維的鼓勵，年長者會在晚年重新上大學，或是參加訓練課程。學習應該是一輩子的事，不只是人生起步階段的功課。學習可以是正式的學位課程，也可以是技術或科技能力的訓練。這種學習課程一開始可能是富人的資源，但個人若要在具生產力的生涯全程積極參與經濟活動，這對所有人來說都是至關重要的。

面對超高齡時代，我們若是無法做出有意義的因應，可能會重創家庭、組織、國家及其經濟。但如選擇超前部署，正面應對這項轉變，將有機會做出重大改變，促成長遠的影響，為每個人創造更積極、更有生產力的生活。無論是個人、組織或政府，只要稍有作為，都能讓這段過渡期更為平順。

新冠肺炎全球大流行突顯了社會對於邁入超高齡時代的準備有多麼不足。疫情早期，我們的關注焦點過度偏向這是一種好發於老年人的疾病，因為大約有 80% 的死者都是 65 歲以上，同時大約有 40% 是住在療養院所的老人或工作人員。年齡歧視及對社會最年長成員（許多都屬於最高風險等級）的普遍漠視，拖慢了集體反應速度。更糟糕的是，由於未能及時反應，我們為疾病的延續、傳播和變異，創造了完美的環境，最後導致全球數百萬人白白送命，也阻礙了經濟成長，帶來衰退。

這次大疫也曝露了社會的不平等，對於長期以來被邊緣化的群體來說，這些不平等的處境對壽命有負面影響。在美國及全世界，最極端的狀況下，壽命最長與最短的群體差距多達一代、甚至兩代（約 40 年）。壽命短的人謀生、儲蓄、把財富傳給後代的時間更少，更加擴大社會與經濟不平等的鴻溝。可悲的是，他們通常比那些養尊處優的同儕更早、也更頻繁患病，因而處於新冠肺炎感染與死亡風險的第一線。

社會需要重新構想家庭與社區，以容納各個年齡層和各種能力的人。大多數社區都起源於 20 世紀的早期和中期，當時的人口要年輕得多。這些地方（有些還是世界級大城市）障礙重重，這對身強體健的年輕人當然不是問題，但到處都是樓梯，包括許多公共運輸系統的入口，街道也經常照明不足。許多公共空間也缺乏休息區或廁所設施，而這對任何年齡的人來說都很重要。

所有的建設，無論新建或是整修，設計過程中都應該網羅老年人或各個世代的參與，將年齡因素納入考量。設計師應該思考，將無障礙環境無縫融入公共和私人基礎設施的最佳方法。社區則是採納《美國身心障礙人士法案》（Americans with Disabilities Act）等指標立法的原則，致力於營造盡可能無障礙的環境。此外，我們應該透過稅賦獎勵或公共宣導，鼓勵所有人在做居家設計時考慮長壽因素，特別是衛浴等空間，因為若是在這些地方跌倒，更有可能造成重大傷害和住院。

　　許多人還必須考慮，究竟長壽對他們的傳統生命歷程帶來何種意義。超高齡時代不但迫使我們重新思考老年人的需求，也要重新考慮壽命延長如何影響年輕人口的生活決策。許多人會因此延遲買車或購屋，從而讓車市或房市出現新局面。更多人會延緩結婚或生小孩的時間，有些人可能會拒絕其中一樣或兩樣都不要。有好幾份工作的人會愈來愈多，許多人的工作時間會比前幾代人長很多，而且大多數人在某個時候都會成為照顧者，甚至重新思考死亡，或至少是葬禮該如何安排。

　　所有這些轉變都會帶來不可思議的機會，特別是對那些願意正面迎向超高齡時代挑戰的個人和組織來說。不過，他們必須先看見變化，才能成為順應人口轉型大趨勢的解答。

回顧來時路

　　我第一次注意到超高齡時代的徵兆，是在將近 25 年前，當時我正在華盛頓特區就讀美利堅大學。有一天，我在回老家匹茲堡的公路上，途中會停靠在這兩座城市之間的中間點、賓州的布里茲伍德（Breezewood）稍事休息。

我親眼目睹了華盛頓特區與布里茲伍德之間鮮明的人口結構變化：華盛頓特區是一座年輕、充滿活力而富足的城市，居民來自全國和世界各地。另一方面，布里茲伍德則是一個老舊、蕭條、貧窮的小鎮，居民都是本地人。許多年過七旬、有些甚至 80 多歲的老人在速食餐廳工作或打掃廁所，以往做這類工作的人幾乎都是青少年。

看見老年人在退休後仍從事這些勞苦工作，讓我感到震驚，也有種違和感。記得我問自己：「他們為什麼不好好退休，享受人生的最後一段歲月？」我的祖父母當時 80 多歲，他們在將近 30 年前離開職場，過著舒適的退休生活。他們並不是養尊處優的那種人，可以說屬於中下階級：祖母是公立學校的特教老師，祖父是電梯安裝工人。他們靠著長期勤奮工作、省吃儉用，以及豐厚的私人和公共退休金，才能過上舒適的生活。

當我即將畢業之際，他們的健康雖然正開始衰退，但還是開開心心地在賓州橡木丘（Oakmont）一處退休養老社區（continuing care retirement community，CCRC）安頓下來。CCRC 最低入住年齡大約 55 歲，提供多種生活與照護級別，像是獨立生活、輔助生活與護理服務等。我發現，社區居民不但比一般人富裕，年齡也更多樣：60 歲的老人與 90 歲、甚至 100 歲的鄰居密切往來稀鬆平常。

那時我意識到，正在目睹的人口變化事關重大，將在我有生之年影響地球上幾乎所有的經濟體。從那時起，我開始致力於了解人口老化如何影響社會與經濟的常態。我投入全副心力，挖掘公私部門如何制定最佳政策和實務，以因應以下這個重大問題：在個人層面，我們能利用多出來的人生做什麼？在社會層面，我們應該怎麼對待這些老人？在他們原本應該休息和放鬆的歲月裡，一定有比在速食店賣漢堡或在休息站刷馬桶更好的事可做。

20 多年來，我走遍世界各地觀察、報導與倡議，以便對超高齡時代有更好的理解和接納。我與各國政府及亞洲開發銀行、經濟合作暨發展組織（OECD）和世界經濟論壇等重要跨國組織密切合作，為我們這個愈來愈高齡化的世界制定更好的政策。我在延長工作年限的倡議和專業知識，贏得了蒂森克虜伯集團（ThyssenKrupp）這類大型雇主的認同，而我在善用超高齡時代所蘊藏機會的研究，也促使 IBM 等大企業重新思考產品與服務遞交的方法，以及顧客的人口結構。

我從這一切了解到，相對而言，老化這件事在現代與古典時代並沒有兩樣：同樣深具挑戰，充滿陷阱，只有少數人能好好變老。而其中不一樣的是，平均而言，相較於過去的時代，愈來愈多人更長壽、更健康，社會也更需要老年人。有些專家認為，我們的中年正在延長，也就是所謂「加長的中年」。有些專家則堅信，一個新的人生階段正在全面興起，類似青少年與退休人士在上個世紀躍居主導地位那樣。專家普遍同意，我們不是在人生的尾聲增加衰退的年數，而是在人生中段插入更多健康而有生產力的時間。

無論怎麼稱呼這段延展的人生，這些增加的歲月都意味著，人類花在學習、工作賺錢、消費、貢獻、志願服務或照顧別人、與親朋好友共度，還有享受生活的時間，遠多於歷史上任何時期。這也表示我們必須從根本重新省思社會秩序、挑戰自我，以調整個人的生活方式，並讓我們服務的組織能適應超高齡時代的新現實。

現任美國總統拜登就是最好的例證，他在 78 歲時成為有史以來最高齡的總統當選人。眾所周知，體能好的拜登每星期健身五天，例行運動項目包括仰臥捲腹（這位美國第 46 任總統能做 46 下），而且定期騎著他的派樂騰（Peloton）飛輪車，搭配線上課程健身。

新現實在日常生活中已經無所不在。如果可以，請回想你最近一次看到一對夫妻帶著孩子在戶外遛達的情景，當下你是否在猜想：「他們是孩子的爸媽，還是爺爺奶奶？」我就有過這樣的疑問，而且我有很多年長的朋友都曾在帶子女出遊時被問到這個問題，並經常為此感到困擾。

去一趟遊樂場或公園，尤其是在城市地區，你會發現除了以往常見到的年輕父母，還有 40 歲、50 幾歲、甚至 60 幾歲等年紀較長的父母。養育子女不再只是年輕人的專利，而數據也印證這個現象。儘管已開發國家的總體出生率下降，但是美國 40 至 49 歲的懷孕女性人數呈現升勢。2019 年時，我在《今日秀》（*The Today Show*）節目談起這項觀察時，製作人就坦言自己正是 50 多歲的高齡母親。

超高齡時代所帶來的變化不只發生在遊樂園，也出現在工作場所。我最近一次去蘋果專賣店，協助我的店員正是一名 70 多歲的男士，他是我遇過最和藹可親、懂得最多的專家之一。我問他為什麼要在已屆傳統退休年齡後還來工作，他的答案簡單卻令人意外。他的父親那年稍早在對抗阿茲海默症後去世，享年 106 歲。他根據父親的壽命和自己目前的健康狀況推估，認為至少還有 10 到 20 年可以工作，也需要這份收入。此外，他悄聲告訴我，在世代多元的零售環境與年輕人一起工作，所建立起的同事情誼，真的讓他非常開心。

　　愈來愈多接近退休或已經退休的人，開始進入超高齡時代的現實。我在一次橫越美國的鐵路之旅中，遇到了許多經濟背景各異的人，男女都有，他們都不約而同地表達了對退休前景的擔憂，或者想要在退休後重返全職或兼職工作。有位在 60 歲時卸下小學行政助理工作的女士，坦承自己太早退休，不到一年，她就計畫重返職場。

　　講到身體衰退和死亡，想像一下嬰兒潮世代對此必然會有的憂慮。這些既不是新議題、也不是什麼愉快的話題，之前幾個世代多半是默默因應，但與這些問題共處的時間比較短。如今，與慢性病共處時間變長的人數增加，加上社群媒體的普及，有更多人能夠與世界各地愈來愈多人分享長壽的經歷與策略。隨著愈來愈多人意識到長壽的現實，我們看到更多的個人和組織嘗試「破解」老化及與其相關的疾病，有的是延長人體細胞的壽命、延長端粒，有的是修復或替換那些會持續耗損的人體器官或部位。

　　迎接超高齡時代的我們，將被迫做出改變。經濟的運作方式必須截然不同；文化上，我們可能會面臨老年人和年輕人之間的新戰爭，這可能會對政治、科技與生活方式產生巨大影響。同時，我們還要面臨一項新挑戰：在迅速消失的農村中，有大量老貧人口被擋在現代生活的門外。然而，只要企業能利用產品設計、行銷與人力資源等各方面的專業，滿足這些有能力的新消費者的需求，一個規模更大的銀髮族的成長，也將帶來豐厚的經濟機會。

儘管各國政府無法左右未來的老化速度，但可以塑造人類長壽與老年生活的樣貌。透過檢視各國狀況和政策成果，有助於我們理解今天有哪些選擇，可以塑造超高齡時代的未來。

從許多方面來看，超高齡時代的前景將是一片燦爛，因為我們的社會將有一個難得的機會，可以重新設定和校準，以適應新的現實，進而創造更公平、更永續的世界。然而，要把超高齡時代的潛能發揮到極致，就必須重新思考長壽這件事，把人力發展的投資分散於整個人生，而非完全投注於人生的第一季，並且把老年人當成社會與經濟各個層面的重要參與者。

試想，如果年輕人的社經潛能遭到閒置，大部分經濟體都會因此癱瘓；那麼，為什麼要這樣對待人口成長最快的老年人呢？他們的龐大潛力，將以我們原本只能夢想的方式，改造產業、振興經濟並重塑社會。

我經常說，要成為人口未來學家不需要水晶球，不過確實需要為了啟發當前和未來社會而願意回顧過去，以開放而熱切的心胸檢視模式、探索資料，然後大膽做出預測。本書就是實現這個目標的嘗試，除了回顧人類在歷史上對老年人的態度，也檢視對青春的執迷，以及對永生（至少是長壽）恆常不變的追求。我會談到讓人類走到這一步的科學與社會成就，也會預測在面對年齡、種族與地理位置相關的問題時，如果沒有任何作為又會發生什麼事。最後將提出我對未來的展望，並指出在短期、中期和長期可以採取哪些行動，才能把握這個新時代的潛在機會。

第2章

回顧過去，展望未來

要掌握未來去向，了解人口結構新現實所代表的意義，就必須先回顧我們是如何走到現在這一步的。

人口結構的劇變必然為社會與經濟帶來衝擊。隨著超高齡時代來臨，我們會看到一群不願意默默步入老年的新長者興起。他們在晚年開始創業，而且闖出一番豐功偉業，西北大學凱洛管理學院（Kellogg School of Management）2018 年的一項研究發現，現在成長最快的新科技公司創辦人，平均年齡是 45 歲。[1] 有些老年人，甚至在退休很久之後仍在擴張或維持自己的事業，我 71 歲的父親就是如此。他們在社會、經濟與政治的影響力正在增長，但世人對他們仍有年齡歧視。

人人都必須了解，每個人都會老，最後也會死，無論離世時的歲數為何。高壽也不是新鮮事。然而，對絕大多數的人來說，長壽仍是奢望，是少數人的特權。這種情況最近起了變化，如今有更多人（其實是大多數人）能夠活到歷史上定義的老年。在此提供一項資料作為參考：自 1946 年到 1964 年，美國出生的嬰兒潮世代有將近 7,800 萬人，其中絕大多數都活到成年，目前年齡在 58 歲到 76 歲之間的人，超過 7,100 萬人。根據美國人口普查局的預測，2050 年時，這些人至少有 3,000 萬人（超過三分之一）還會在世。

同時，選擇少生孩子或完全不生育的成年人愈來愈多，與前幾代形成鮮明對比。要女性生育以建立大家庭的生物迫切性與期望，幾乎已經消失，過去需要多生養子女的社會與經濟條件，已不復存在。

無論是壽命延長或出生率下降，這些變化都代表人口秩序將重新洗牌，還有我們會脫離那個人類數千年來習以為常的年輕世界。如果不是人類的聰明才智，加上過去 200 年的穩定進步，這一切都不可能發生。

我的祖父湯瑪士就是第一批因人類進步而延長壽命的普通老百姓。1914 年春天，他出生在賓州西部煤田的赤貧家庭，是八個孩子中的長子。經濟大蕭條發生的前一年，他 14 歲，跟著父親到礦井工作，幫忙養家。中學是他一輩子的最高學歷。

他出生的那個時代，有將近三分之一的嬰兒未滿一歲就夭折。至於像他這樣出身貧寒的孩子，死亡比例更高。下層階級的孩子必須面對營養不良和疾病的風險，與今日並無二致，只不過人數遠為更多，因為當時惡劣的生活條件無所不在，即使生病，通常也無法得到醫療照護。

當時的孩子面臨了會致命或是造成殘疾的疾病威脅，例如肺結核、小兒麻痺、西班牙流感等，或是像我祖父患的塵肺病，又稱「黑肺病」，這是他在礦坑裡工作的結果。隨著他的人生一路走來，美國嬰兒死亡率下降超過 90%，這些年的醫療進步，讓祖父有活到 90 歲的本錢。他在 2005 年去世，距離 91 歲生日只有兩個星期。

但是，研究人員一直專注於解決嬰兒和青少年的死亡率問題，從而讓更多人能更長壽，卻忽略如何因應老年人在社會與經濟上經常遭遇的不公待遇，這些通常統稱為「年齡歧視」（ageism）。世界愈來愈老，卻仍然緊抓著兩千多年前形成的刻板印象，結果只是對經濟與社會造成傷害。諷刺的是，人們不只比以前活得更久，相較於前幾個世代，現代人身體更有活力，精神也更為強健。然而這個現實往往被表象所遮蔽，像是白髮、皺紋和出生日期。

如果不了解人類是如何走到現在這一步的，人口結構的新現實就沒有什麼意義。若要掌握未來的去向，那麼從過去到現在的歷程就十分值得我們去理解。社會必須不斷調整態度，以面對今日與明天的挑戰及機會。如果不能善加利用增加的歲月，長命百歲也沒有意義。

每個人都會變老

在我祖父出生的 1914 年，美國人平均壽命是 52 歲，而像他那樣出身貧窮的人，壽命可能更短。[2] 最後祖父的歲數比期望值高出將近 40 年，當然是很不容易的。活到老年本身其實並不特別，生命的老年階段打從一開始就存在。

即使在古代，還是有些人的年紀符合今天所認為的長壽。當時，一個小孩如果能長大成人，活到 60 歲以上的可能性相對普遍。根據估計，古羅馬有 6% 到 8% 的人口年齡超過 60 歲。[3]和今天一樣，長壽並不罕見，甚至有少數幸運兒能活到超過 100歲。事實上，古典文學中多次提及個人活到「古稀之年」。

「老」（old）也不是新字彙，從西方語言出現時就已經存在。英國雷丁大學（University of Reading）的研究人員認為，這是英語最古老的單字之一（大約有 1 萬 5,000 年的歷史），也是古代歐洲人最早用來描述彼此差異的方式之一。[4]

綜觀歷史，長壽一直是經濟與社會條件優渥的人所獨享，就像今天一樣。其中包括那些富有並終身投入工作或公民生活的人，例如第一位羅馬皇帝奧古斯都・凱撒（Augustus Caesar）活到 75 歲；米開朗基羅享年 88 歲；美國的班傑明・富蘭克林（Benjamin Franklin）一直撐到 84 歲。

今天，當我們講到長壽及老年得志，那幅圖像看似與過去沒什麼兩樣。一些最偉大的企業領導者、演員與作家，在退休年齡之後仍然保持活躍並繼續工作，像是「奧馬哈的先知」巴菲特已高齡 91 歲；「電視界的貴婦」貝蒂・懷特（Betty White）99 歲；普立茲獎得主赫爾曼・沃克（Herman Wouk）活到 103 歲，100 歲時還發表最後一本書《水手與提琴手：百歲作家的反思》（*Sailor and Fiddler: Reflections of a 100-Year-Old Author*），在 2019 年才去世。美國參眾兩院最老的議員都是 88 歲，議員平均年齡分別是 58 歲和 63 歲。這些只是眾多選擇終身不退的人當中的一小部分。

歷史上，社會定義「年輕」和「年老」的年齡分界線一直在 65 歲、加減五歲的區間游移。英國雷丁大學的凱倫·科凱恩（Karen Cokayne）在《古羅馬的老年體驗》（*Experiencing Old Age in Ancient Rome*）一書中指出，「從西元前一世紀左右開始，60 歲或 65 歲就被普遍認為是老年的門檻。」[5] 那也是解除公共義務的年齡，像是擔任陪審團和服兵役。這裡的另一個重點是：無論能否卸下其他義務，各個年齡層的人都應該工作，直到身體無法勝任。工作是古羅馬人維持生計的必要條件。

豁免義務的傳統一直延續到中世紀和文藝復興時期。蘇拉密斯·薩哈（Shulamith Shahar）在 1993 年的文章〈中世紀老年群像〉（Who Were Old in the Middle Ages?）中詳述年滿 60 歲的人免除服役、城鎮守衛和比武審判的情況。[6] 在這個時期，英格蘭、十字軍東征建立的耶路撒冷王國，以及巴黎也有免除服役的例子。歐洲有些地區和城市則對超過 70 歲以上的人實施赦免，像是西班牙的卡斯提亞—雷昂（Castile and León）、義大利的摩德納（Modena）和佛羅倫斯。其他地區的公共服務義務豁免年齡一般是 70 歲，如英國的陪審員；稅賦是 60 或 70 歲；義務勞動是 60 歲。

從宗教生活也可看出老年人的特權，尤其是基督教世界。在 12 世紀的冰島，70 歲以上的人在大齋節期間不必禁食，這項傳統延續到今天；猶太教與伊斯蘭教也有這種做法。在威尼斯，超過 60 歲的人在聖日不必自答，但必須待在教堂祈禱。

這些豁免規定在當時或許是本於善意，可能也受到部分年長教友的歡迎；然而，以年齡而非體能作為豁免依據，可能會產生意想不到的負面後果。當 60 歲以上的人無法與年輕同儕參加相同的儀式，就會形成並強化以年齡而非能力為依據的年齡歧視刻板印象。

為晚年生活建立保障

從有歷史紀錄以來，退休金便已存在，只是沒有被公平地分配或管理，目的也不像現代，是為晚年提供穩定收入。羅馬皇帝凱撒在西元前 13 年實施了早期的退休金制度，目的是保持士兵的效忠並防止叛亂，發放對象是為帝國服務 20 年的人。佛西妮・瓦拉（Vauhini Vara）在《紐約客》一篇關於退休金起源的文章提到，「一名士兵的退休金可以一次全領……理由是退伍軍人領到錢就不太會去推翻你。」[7]

接下來的幾個世紀，政府為服兵役和某些職業準備退休金的例子很多，幾乎都是以提供晚年財務保障為目標。比方說，有些封建領主身後會把部分財產留給忠誠的臣屬，年老的神職人員也能從教會得到微薄收入與照顧，偶爾有公職人員能領到退休金。不過，值得注意的是，領到退休金並不表示退休，至少不是我們在今日背景下所理解的退休，大家通常會工作到身體無法負荷為止。

美國自 1800 年代中期開始，有些市政府員工也開始領取公共退休金（主要是大城市的消防員、警察和教師）。但是，這些福利發放的依據與對象各異：退休金制度的分歧，也許是人類歷史大部分時期最一致的特徵。

1875 年，美國運通公司開始實施退休金制度，首開私部門先河。這項制度明載的目標是，以慈善方式獎勵「受傷或過勞」的鐵路、駁船和騎馬運輸服務的工人，使其能安適地退出勞動力。[8] 還是一樣，這項措施在實施時，是著眼於工人的工作能力，不見得與實際年齡有關。

隨著工業成長與產量擴張，老年勞工成為勞動密集工作的一大挑戰。人們不僅覺得老人家的步調跟不上，也希望讓更年輕、更低薪的勞工擔任這些職位。於是，許多公司以退休金作為年長員工離職的誘因。這種做法持續到 20 世紀，直到今天仍然普遍存在，只不過演變為「自願離職」和「提前退休」等方案，進一步鼓勵年長工作者及早退出勞動市場。

直到 1881 年，現代模式的退休金才出現。當時，德意志帝國第一任總理俾斯麥向政府提出一個極端構想：政府應該普遍為老年人提供財務支持。這個構想之所以極端，是因為人類史上在此之前的大部分時期，退休金都不是普遍的制度，人們被期待持續工作直到無力再做。根據德國社會安全局的檔案，俾斯麥提出重振德國經濟方案，並扛住社會主義反對派的壓力。他的想法最後出現在德皇威廉一世寫給政府的信函裡：「那些因年齡與殘疾而無法工作的人，有向國家要求照顧的正當理由。」[9]

　　這項立法歷經八年才通過，不過德國終於建立起第一個老年收入制度，為所有 70 歲以上的公民提供福利。這項創舉不但是德國一場影響深遠的典範轉移，也成為世界上許多工業化國家及已開發國家的標準。

　　實際上，隨後數十年間，全民公共退休金成為已開發國家的標誌，勞工開始期望國家能為他們的晚年生活提供一些收入。今天，大多數經濟安全專家都把國家退休金視為退休收入的三大支柱之一，另外兩個支柱是個人儲蓄和企業退休金。俾斯麥的行動或許為現代的退休制度鋪路，但絕對不是退休制度的發明者。

　　在俾斯麥的時代，活到 70 歲非常罕見，等於領取退休金的年齡比平均壽命多出 30 歲。[10] 一個人就算達到領退休金的年齡，還是可能繼續工作到無法負荷為止。從許多方面來說，俾斯麥退休金的出現是養老全民化的起點，這代表有更多人，無論所得或終身收入如何，都有機會安享晚年，而不是勉強度日。養老責任從孝道轉向社會福利，政府承擔起人民晚年生活主要收入及醫療保健的責任，而家庭角色退居次要。

就在俾斯麥的退休金出現之前，公共衛生與醫療在 18 世紀末、19 世紀初掀起一波波的創新措施，大幅延長人類壽命，如天花疫苗的接種、僱用專業助產士以降低分娩死亡率、栽種柑橘類水果以預防壞血病。但正如普林斯頓大學經濟學家、諾貝爾獎得主安格斯・迪頓（Angus Deaton）所指出的，這些舉措的受惠者主要是富人。[11] 在 19 世紀中後期，富人壽命比同時代的人長 20 年，那個時代的窮人壽命仍然很短，因為「有辦法的人」才比較可能接觸並採納創新。

除了公共退休金，也許更重要的是，公共衛生和社會創新直到 20 世紀才發展完備。若非在那段時期，經濟與衛生安全有重大且幾乎普及全民的發展，人類壽命根本不可能延長。投資於這些保護措施的國家，人民平均壽命大幅增加。由這些政府創設的全球機構，最終開始在世界各地推展這些創新，使得嬰兒和兒童死亡率急劇下降，進一步推高全球平均壽命。

生育率快速衰退

最近一個世紀出現許多醫療保健的創新，這些成果是全民同享，不是富人的專利。1928年，亞歷山大‧弗萊明（Alexander Fleming）研究流感時發現青黴素，美國製藥業在 1940 年代開始量產這種抗生素。1914 年，發現 X 光並知道如何應用的居禮夫人，把第一部移動式 X 光機搬上法國戰場。1977 年，雷蒙德‧達馬迪安（Raymond Damadian）成為完成人體全身掃描以診斷癌症的第一人，他用的技術就是今天人人皆知的磁振造影（MRI）。這些進步都降低了死亡率，尤其是成年人的死亡率，同時提高平均壽命。

全球醫師和科學家之間的溝通大幅改善，增進醫學研究和醫療保健的快速進展。他們透過出版品、研討會及後來的電子媒體，自由交流想法並發表研究成果。為新冠肺炎所開發和配銷的疫苗，不是一種，而是好幾種，其中有些採用的還是新穎的 mRNA 技術；這些疫苗是多家公司合作、多個國家出資的成果，而之所以能這麼做，要歸功於第二次世界大戰結束後展開、歷經數十年的全球合作。

1945 年二戰結束時，有些政府建立了國家衛生和社會福利體系，像是英國的國家健康服務（National Health Service，NHS）、法國的公共健康制度（Santé Publique）。至於財政無力負擔國家衛生和社會福利體系的國家，則有賴世界衛生組織、世界糧食計畫署，以及私部門的介入，提供基本的糧食與衛生保障。這些介入措施降低了嬰兒與兒童的死亡率，使壽命得以延長，儘管成效在全球各地不一。

在政府幫助延長老年人壽命的同時，針對工作場所與居家兒童的勞動力與社會保護措施，也有助於降低青少年死亡率。美國根據 1938 年的《公平勞動標準法》（Fair Labor Standards Act），限制僱用和虐待工人。美國的這些規定及其他已開發國家的類似措施，都是為了教育兒童與青少年，讓他們遠離會對其人身安全和健康構成威脅的工作。於是愈來愈多孩子度過青春期，得到變老的機會。

世界衛生組織表示，這些健康和社會政策的介入措施發揮了成效。單是過去 30 年，全球嬰兒死亡率就減少一半以上，每年的嬰兒死亡數也減少一半以上，從 1990 年的 870 萬人下降到 2018 年的 400 萬人。1990 年到 2017 年，兒童死亡率下降 37%。[12] 儘管如此，2017 年仍有將近 100 萬名 5 至 14 歲兒童死亡，可見這些成果之外還有改進的空間。

20 世紀人口結構變化的第三個層面，也有強大的成效。這個世紀以來，富裕社會透過加強性教育、家庭計畫和節育推廣，成功降低出生率。嚴苛的經濟環境加上雙薪家庭的崛起，還有性別規範與責任的轉變，都是影響人口變化的重要因素。事實證明，教育是最有效的節育手段。

在歐洲大部分國家，以及美國、日本、韓國、澳洲等經濟先進國，出生率都在嬰兒潮之後不久下降。2017 年《刺胳針》（*Lancet*）的全球疾病負擔（Global Burden of Disease）研究顯示，1950 年全球女性的平均生育數是 4.7 個小孩，是人口完全替代水準（每個女性生育 2.1 個孩子）的兩倍。但到了 2017 年，生育數幾乎減半至 2.4 個，只略高於替代水準。[13]

不過，全球平均數掩蓋了各國之間的龐大差異。BBC 引述某項估計說，「西非尼日的平均生育數為 7.1 個孩子，但地中海賽浦路斯島婦女的平均生育數是 1。英國是 1.7，近似大多數西歐國家。」[14] 在有些東方與拉丁美洲國家，下降速度更快，台灣以 1.07 拿下全球生育率倒數冠軍。生育率快速衰退為社會帶來更艱鉅的挑戰，卻也伴隨著顛覆和創新的大好機會。

這些轉變的影響重大，因為大多數國家的社會福利制度都是建立在一個假設上：未來仍會有相對眾多的年輕人口，他們所納的稅可以供養相對少數的老年退休人口。把希望寄託在經年成長這個錯誤假設的國家，經濟恐將開始萎縮。非洲的人口成長，加上美洲、亞洲與歐洲的人口萎縮，預示著非洲可能是本世紀末人口最多的大陸，伊斯蘭教可能是最多人信奉的宗教，而且世界到處會有更多老年人。聯合國甚至表示，根據目前的人口預測，全球人口將在本世紀達到 110 億人的高峰，平均年齡可能從 31 歲躍升到 42 歲。[15]

當一國的人口成長放緩、停滯或逆轉時，會發生什麼事？答案即將揭曉。自然且更全面的因應措施是，努力使經濟更具包容性，就像日本正在嘗試排除障礙，讓更多女性和老人投入工作，同時放寬部分移民限制，以及盡可能運用機器人科技。有些老化速度較快的國家，像是人口自 1949 年以來首度在 2020 年出現萎縮的中國，或許可以讓我們看到人口的新現實如何與經濟政策密切配套，以便在這段轉型時期維持成長。

人口結構變化的效應

20 世紀中葉，中國人口爆炸性成長，生育率在 1966 年達到每名婦女生育 6.4 個孩子的高峰。[16] 為了實現經濟現代化、抑制過多人口，中國政府在 1979 年實施一胎化政策，改變全國的生育模式。這可能是人類史上最大的社會實驗，據估計，因為這項政策而減少的出生人數多達 4 億人。[17]

一胎化政策不僅大幅減少全國的生育數，也破壞男女出生比例的自然平衡，加劇人口老化。這項政策雖然近年有所放寬，但對於出生率的提振效果並不如中共的預期。如今，中國的生育率估計在 1.2 至 1.6 之間，[18] 遠低於替代率 2.1，因此到 2050 年，中國人口可能會減少 2.5%，約為 2,800 萬人，相當於今日美國德州人口。

同一時期，中國的平均壽命大幅延長了 10 幾年。壽命延長加上出生率下降，使得人口的年齡中位數幾乎翻倍，從 1979 年的 21 歲到 2020 年突破 38 歲。相較之下，美國花了一個多世紀，才讓中位數年齡加倍。今天兩國的中位數年齡大致相同，不過等到 2050 年，中國的中位數年齡預計會增至 47 歲，而美國僅到 41 歲，相差將近 16%。這個數字看似不多，但中國老化的速度如此驚人，讓許多人想知道該國將如何因應。

面對人口結構變化，中國的領導者費盡心力改變退休標準，目前男性請領退休金的年齡是 60 歲，藍領女性是 50 歲，白領女性是 55 歲。[19] 也就是說，有些安全威脅仍未擺脫，像是環境汙染等，而新的挑戰又會出現，像是如何讓經濟持續成長，尤其如果中國無法成功轉型過渡到超高齡時代的話。

這主要是因為，看似源源不絕的廉價勞工供給終究開始枯竭，勞動人口撫養比完全失衡、養老金制度又未臻成熟，而對照護人員的需求則不斷增長（由家人和專業人士擔任都是）。所有這些加起來，可能會嚴重拖累中國的經濟成長。

我任職於 AARP 樂齡會期間，曾在中南海會見當時在中國政壇位居第四把交椅的副總理馬凱，討論中國急迫的人口問題。馬凱是中國因應人口變化對策的主事者。我了解到，中國領導階層把人口變化視為經濟持續成長明確而近在眼前的威脅，若要維持光明的未來，中國的人口政策與經濟政策必須密切配合。由於這兩個議題的關聯如此緊密，其他國家儘管規模與發展階段各異，仍可以從中學習。

中國不是唯一出生率急速下降的國家，全球各地都可能因這些發展出現長遠的社會與經濟影響，經濟成長的前景受到扼制，將某些國家的發展推進煉獄：還沒躋身已開發之列，卻不再持續發展。

在沒有實施生育政策、經濟比較不發達的國家，也出現了出生率下降與人口快速老化的現象，像是泰國與越南。地球另一端的墨西哥和巴西，被視為相對年輕的國家，但是出生率也在急劇下降。不同於美洲、亞洲和歐洲的富裕國家，這些國家沒有機會創造財富，或是建立可長可久的國家社會與經濟福利制度，如果不採取應變措施，鼓勵老年人積極參與未來，年輕一代將充滿挑戰，可能必須為照顧年邁雙親、老化的社會而付出大量的個人時間與財富。

雖然經濟體迴異，社會發展階段也各不相同，但種種變遷都在突顯一個事實：我們不應該認為老年人口的願望與需求，以及老化的經歷，是舉世皆同的。老年人口並非只是一群領退休金的人，穿著開襟襯衫，腳步蹣跚地走向安養院，一路吞掉所有資源。就像一般大眾，他們的樣態形形色色，甚至更加多元，想要以一體適用的方式對待所有老年人，其實愚不可及。可惜，人類自從出現在地球以來，對老年人的年齡歧視偏見就已成形並僵化。這是個難題，亟需解決。

一種米養百種老人

儘管老年人口不斷增加、年輕人口持續減少，大眾對青年與老年的普遍態度卻沒有什麼變化。在幾乎整個人類歷史上，老人都被視為負擔，既不能也不該在社會扮演有用的角色。只有已經達到經濟獨立、取得政治權力或是功成名就的老人例外。

　　英國曼徹斯特大學教授提姆・帕金（Tim Parkin）表示：「西塞羅和普魯塔克（Plutarch）等古典時期的作家讓我們相信，老年人在古羅馬是備受尊敬且活躍的公民。但是詳細審視就會發現，老年人在羅馬社會似乎沒有我們想像的那樣受人尊敬或位高權重。」[20] 羅馬人創建元老院，成員全是老人，讓人心生年長者受到尊崇的聯想。但是，事實並非如此。

　　晚年的成功幾乎都與個人經濟狀況有密切關係，這個事實在今天也完全成立。在國家退休金與現代退休制度出現之前，沒有能力工作的老人必須由成年子女或大家庭照顧。許多長者因而陷入傳統的性別與世代角色，但這還是要夠幸運的人才有這種待遇，沒有家庭或經濟能力的人通常會落得貧困潦倒、無家可歸。

　　如今，個人可以從公共經濟援助計畫得到幫助，但事實上，要通過層層的複雜官僚組織，取得公共住宅或是制度化的長期照護，也並不容易。就連羅馬時代頌揚老者的西塞羅也認為，「長者只有為自己而戰，維護自己的權利，避免依賴任何人，在嚥下最後一口氣之前緊握自己的掌控權，才會受到尊重。」[21] 晚年陷入困境的人，多半會被排擠和邊緣化，而且幾乎總是無人聞問。

　　說起來應該不意外，老年的財富通常也與性別相關，從古至今一直是如此。在社會的許可和支持下，男性通常更能好好變老，女性多半被排除在不涉及育兒或家庭的對話之外。對待老年女性最負面、最普遍的態度，有些是從中世紀才開始深植於流行的科學與文化信念，這些信念繞著經期與生育能力打轉，與今日十分相像。經血被認為不潔淨、有害而具破壞力，然而，當經血因為更年期而停止來潮，又被認為是女性變得暴躁與喜怒無常的元凶，對女性和社會危害更大。今日，這些關於女性生理和心理狀態的無稽觀念，雖然不是那麼明顯，卻還是持續存在於女性的個人生活與職場，尤其是老年女性。

　　希臘人將老化視為走下坡。他們信仰的老年之神傑拉斯（Geras），被描繪成拄著拐杖的乾癟男人，這與古老中國對老人普遍的景仰與尊重形成鮮明對比。儒家思想與印度教都提倡孝道、奉養老人，一如基督教的教義。這與強調群體或社區需求高於個人需求的集體主義相結合，使得東方文化對老年人更加尊重，但即使如此，也還是有一定代價的。

　　亞洲的老年人通常要承擔傳統的性別與長者角色（如園藝、照顧孩童等），而且不能持續就業。當他們離開經濟場域，同樣要面對失去經濟能力、安全感、健康衰退等問題，尤其是在遞補他們原來職務的年輕人愈來愈少的時候。不過，所謂的「東方文化」其實涵蓋許多分處不同發展階段、擁有各式文化信仰和習俗的國家，如果以為東方各國都有一致的老年經驗，既不公平也不明智。

歷史上，社會對老化與老年人口的態度不但不合理，而且是有害的。社會（尤其是年輕世代）如果無視於老年人的潛能，或是迫使他們扮演傳統角色，等於是在賭上未來，而且是自己的未來。人類對於保持青春年少的執著、對老化與老年人的執意排斥，正在防礙進步，也將阻滯超高齡時代的潛能。

年齡歧視與世代衝突

人們一直抗拒接受年老，社會對老年人總是另眼看待，這可能是因為大家對老化過程普遍感到不快。1969 年，我最早的導師、國際長壽中心（International Longevity Center）創始人羅伯・巴特勒（Robert Butler）將這種對老年人普遍存在的負面偏見稱為「年齡歧視」。

他在接受《華盛頓郵報》採訪時表示，「大家都在談論老得好優雅，這當然是人人都想做的事，自然不願意去看那些或許癱瘓、沒辦法吃得好的人……或許是坐在路邊、拄著拐杖在鄰里間製造混亂的人。除非社會對於不同年齡群體建立更加平衡的觀點，否則只會造成老年人懷怨退縮。」[22] 但是，對老年人的負面態度不只是針對那些「需要援助」的人，還經常延伸到「年輕的老年」人口，也就是年紀或許較長、但身心狀況比同年齡群體還健康的人。

《年齡歧視：為何人人怕老，我們對老年生活的刻板印象又如何形成》（*This Chair Rocks: A Manifesto Against Ageism*）的作者艾希頓・亞普懷特（Ashton Applewhite）認為，無論是有意或無心，我們經常用言語來貶低老年人。沒錯，人們與老年人講話或是談到老年人時，使用的詞彙經常充滿過時、年齡歧視的觀念。「在認定老人代表脆弱與依賴、而非強韌與獨立的前提下，以優越姿態做概化的描述」，[23] 破壞、削弱他們的尊嚴和能動性（agency）。年齡歧視將對被歧視者的身心健康產生負面影響，內化的年齡歧視也會對個人產生類似作用。

年齡只是構成身分圖像的一塊拼圖。為大企業提供多元共融人力資源實務諮詢的非營利組織「催化者」（Catalyst），在一項研究簡報中點出年齡歧視的性別層面：「除了毫無根據的社會偏見外，老年女性還需承受容貌歧視，或是年輕貌美這類性別化標準而遭到排擠。」年長員工的創新能力、適應力和資質普遍較差，這是毫無根據的社會偏見。在一項研究中，女性主管表示感受到遵守社會審美觀及保持外表年輕的壓力。例如，女性覺得不得不染髮的比例幾乎是男性的兩倍。[24]

男性通常不必面對這些不切實際的標準，而且隨著年齡增長，相關的評價也不一致。一直以來，男性擁有更多「自然變老」的餘裕，女性卻沒有這種自由。不過，即使是那份自由，也有其限度，愈來愈多男性去做抽脂、腹部除皺和皮下填充等手術，健康、年輕的外表被視為在現代世界競爭的必要工具。

我要在此聲明，想要青春永駐，採取染髮、整形手術等年齡偽裝手段並沒有錯。然而，虛榮與脫離現實之間只有一線之隔。年齡歧視蔓延所及，將影響理性決策，對老年人形成偏見，可能導致不良的公共政策與世代衝突，可能也有礙個人在財務與健康做出正確的選擇。

牽動公共政策方向

對老年人缺乏寬容與理解已經滲透到公共政策了，最明顯的表現或許是已故英國記者亨利・費爾里（Henry Fairlie）1988年在《新共和》（*New Republic*）雜誌中指稱，「貪婪老賊」為了

自己的奢華享受而犧牲未來世代。[25] 實情是，大多數老年人和
「富裕」兩字根本沾不上邊，尤其是最年長的人。大多時候，他
們都想透過有薪或志願工作來貢獻社會，然而「貪婪老賊」這
個標籤至今猶在，世代仇恨也持續惡化（那時是嬰兒潮世代對
上「最偉大的一代」）。

　　對特定群體的經濟攻擊，通常會在景氣低迷時爆發，在繁
榮時平息，這跟經濟的餅變大與收益共享有關。2008 年金融海
嘯後的大衰退以來，薪資停滯導致世代仇恨加劇，而這一次是
發生在千禧世代與嬰兒潮世代之間，主要是因為貧富差距以驚
人的速度擴大。[26]

　　最近經常見到的一句話「好了啦，嬰兒潮世代」（OK,
Boomer）就是個好例子。這是社群媒體平台 TikTok 的流行語，
經常被年輕人用來挑戰那些他們認為觀念脫節的老年人，特別
是在所得和環境等議題上；或者用來圍堵那些他們認為不酷的
人。在年輕人眼中，「好了啦，嬰兒潮世代」是他們對現狀感到
沮喪的產物，但是老年人認為自己被莫名、輕蔑的年齡歧視攻
擊。這樣的態度藉由 TikTok 等平台廣傳，使得世代衝突在全球
零時差上演。

　　2019 年末，AARP 因為協會出版物主管米爾娜・布萊斯

（Myrna Blyth）在訪談中嘲諷年輕人貧乏的財源，在「好了啦，嬰兒潮世代」論戰中栽了跟頭。據稱，布萊斯說：「好了啦，千禧世代，我們才是真正有錢的人。」[27] 可惜，布萊斯的嘲諷沒有達到目的，因為超過三分之二的 TikTok 用戶是 13 至 24 歲的人，毫無疑問都是 Z 世代。[28] 她的發言立刻遭到社群媒體與傳統媒體圍剿，成為又一起老年人脫節行徑。AARP 隨後道歉，但是損害已經造成。遺憾的是，這則發言顯然是提油救火，對於世代之間的裂痕沒有任何彌補或緩解之效。

在 40 多年的時間裡，我們創造出兩種主流的社會觀點：一是更富裕、更年輕、更都市化的社會；二是更貧窮、更年老、更鄉村的社會。這些觀點不只普遍存在美國，在亞洲和歐洲也很明顯，尤其在最近的選舉與公投上。遺憾的是，這樣的看法在貧富之間留下大片灰色空間。

1980 年代，嬰兒潮世代開始支持短期的保守黨政策，削弱社會安全網，為世代衝突埋下伏筆。工人的保障遭剝奪，工會被擊垮，基礎設施的翻新被凍結，公共退休金與醫療保健不斷遭到圍堵。執政者開始主張，為富人減稅能鼓勵富人花更多的錢，這些錢會「流淌」到其他民眾手中，讓所有人都受惠。一些最重要的社會福利計畫的基礎受到侵蝕，包括社會安全制度與醫療保險制度,因此在許多方面,美國的嬰兒潮世代都在拿自己的未來做賭注。年齡歧視更讓情勢雪上加霜。

歷史上許多作家都流傳著這樣一句話:「30 歲以下不是自由派的人沒有心,30 歲以上不是保守派的人沒有腦。」不過年齡因素能左右選舉和公投的結果,近年來還是頭一遭。美國和英國最近的研究顯示,投票行為較有效的預測指標是年齡,而不是社會階層。

這在美國有著重大寓意。2016 年,川普的勝選關鍵就是老年選民。根據 CNN 的出口民調,45 歲及以上的選民對川普的支持率,比對希拉蕊·柯林頓(Hillary Clinton)高出八個百分點(52% 比 44%);未滿 45 歲的選民對希拉蕊的支持率則高出 14 個百分點(53% 比 39%)。[29] 由於美國政治制度的複雜性,川普的普選票數雖然落後 300 萬張,但在農業州老年選民的幫助下,他還是贏得總統寶座。

根據美國人口普查局的數據,2016 年的總統大選中,超過 65 歲的美國人有 71% 參與投票,而 18 至 29 歲的美國人只有 46%。[30] 這種老年人投票率高的趨勢,在 2020 年大選仍然未變,要不是搖擺州的年輕選民劇增,拜登很可能輸掉選舉人團票數,即使他在普選票數領先的幅度甚至超越當時的希拉蕊。

老年人投票比例偏高，不是美國獨有的現象，英國在 2016 年的一次公投，也出現類似情況。根據《時代》雜誌報導，出口民調顯示，18 歲至 24 歲的選民只有約 19% 支持脫歐。然而，在歐盟成立之前已經成年的退休人士，有高達 59% 的人希望退出歐盟。在 3,300 萬張統計票數中，英國脫歐案以約 130 萬張的微幅領先通過。[31]

在民主國家，老年人的政治參與一向比較活躍，而政治人物也傾向於施惠老年選民，例如承諾社會福利加碼（或至少不削減）。進入超高齡時代後，選民結構的變動預示著保護主義時期到來，年屆退休金請領年齡或更年長的選民，會投票決定保留或擴大社會福利，從而損及永續財政政策和年輕人口。相較於健康與經濟保障等年長選民重視的領域，教育和藝術的順位可能會落在後面。

唯有團結一致，我們才會做得更好，也有足夠空間讓不同世代齊心協力。像是環境、社會和經濟正義等議題，在不同世代之間都得到廣大支持。職場面臨的問題也有滿大的交集，愈來愈多年輕人和老年人都在承擔家庭照顧者這個具有挑戰性的角色。這些問題都與年齡無關。

凝聚世代，往前邁進

什麼才是不落伍、有創造力、生產力和魅力，今日的老年人正在衝撞這些觀念的內涵。這些開拓者大部分是女性，為爭取晚年生活的賦權，拒絕以傳統角色打前鋒。

我經常想起這些開拓者，因為他們是超高齡時代的早期建築師。由於我有超過 50% 的機會能夠活到 95 歲以上，而且我不想完全退休，因此他們為打破年齡歧視所做的努力，對我的晚年生活有直接影響。至於我最年輕的家族成員，因為有超過 50% 的機會活過 105 歲，這些開拓者的影響甚至更大。

有人說：「人口結構不是命運」，但人口結構的變化不可避免，而且正以驚人的速度在大多數政府和企業領導者不一定關注的地方發生。人口變化將會對產業、勞動力、教育制度、醫療保健制度、公共政策，甚至環境，產生重大影響。如果置之不理，可能會演變成天翻地覆的災難，但若可以理解並有效管理這些影響，它們就能帶來不可思議的機會。

凝聚世代為共同的目標努力，將會產生強大的力量，不過前提是年輕人和老年人都必須有一致的期望，並且願意放下各自的偏見。

第3章

青春的聖壇

媒體及消費主義喜歡用頌揚年輕人、排擠老年人的訊息轟炸大眾，鼓動個人對抗年老，彷彿這是一場可以打贏的戰爭。

　　人類社會崇尚青春年少，並透過歷史、文化與宗教根基深厚的儀式慶祝新一代的出生、各個童年階段，還有進入青少年時期與成年。

　　歌頌青春也其來有自，在人類史上大部分時候，只要活過童年就被認為是一種成就。西元一世紀，羅馬有 25% 的嬰兒出生後不滿週歲就夭折，活不到 10 歲的兒童多達一半。[1]這些數字直到現代才出現逆轉，活到成年變為常態，而不是例外。

　　我們的文化對青春的執迷，就像對老年人的態度一樣，很可能在人類文明之初就已經定型。關於我們對青春的嚮往，最早有紀錄的討論或許出自「歷史之父」希羅多德（Herodotus，約西元前 484 至 425 年）。他寫到一群名叫「麥克羅比安」（Macrobian）的人，據說住在當今的非洲，以長壽和青春而聞名。希羅多德對這些人的記述顯示，古希臘人和我們今天一樣，也關心長壽與青春等議題。他還談到麥克羅比安人經常在一個神秘水池取水使用，推測他們青春力量的秘密有一部分就藏在池水裡。

青春之泉的神話在歷史上很常見，或許是因為每個人都在追求青春或不朽。我能理解，老化與死亡充滿未知，讓人感到可怕。2000 年代初期，我在 LeadingAge 工作，當時的執行長賴瑞・米尼克斯（Larry Minnix）感嘆道：「地球上只有美國人認為死亡是個人能選擇的事！」儘管米尼克斯的說法失之偏頗，不過他說得對，人類一直在挑戰老化和死亡。但正如我常說的：「死神總是百發百中。」

各種文化都有治療之水的傳說，如西班牙的加那利群島、日本、紐西蘭的玻里尼西亞，還有英格蘭。[2] 有時，歷史人物也與此有所牽連，像是傳說亞歷山大大帝在西元前四世紀發現一條「天堂之河」。不過，講到尋找青春之泉，沒有人比璜・朋斯·雷奧（Juan Ponce de León）這位曾經隨哥倫布第二次出航美洲的西班牙探險家更出名。

到了 19 世紀，在對青春之泉的追求下，中歐的豪華療養勝地紛紛興起，為富人和新興中產階級提供奢華的水療中心。根據《中歐溫泉鄉：一段陰謀、政治、藝術與療癒的歷史》（*The Grand Spas of Central Europe: A History of Intrigue, Politics, Art, and Healing*）一書作者大衛·克雷·拉奇（David Clay Large）的說法，水療小鎮「相當於今日的主要醫學中心」。[3] 然而，就像傳說中的「青春之泉」，水療浴並沒有真正的療效。

以今日來看，青春之泉的想法看似有些愚蠢。不過，這無礙於我們追求青春永駐，購買能幫我們延年益壽、皮膚緊緻或增進性活力的產品和服務。我們也以驚人的速度服用維生素，雖然它們的臨床效果通常微乎其微或是完全不存在。無論男女，許多人一生都在雕塑身體、拉平皺紋，被自己對青春的執迷所矇蔽，看不到終究會老去並死亡的事實。這種與現實脫節的心態，可能對身心產生不利影響，甚至老得更快。

我們在有生之年見證了美容和抗老產業的興起，看到器官移植從科幻小說情節變成現實，也看到大眾接受以「藍色小藥丸」治療無法展現雄風的男性。

成年人總想要追逐跟青春有關的一切，像是緊緻無瑕、沒有皺紋的肌膚、一頭秀髮，或是不顧後果、不屑世俗、卸下責任地出走，還有功能完整的性器官和性能力。如今有許多人窮盡一切努力，無論是實行健康的生活方式、接受整形手術、購買最時尚的服裝，或是跟上最新的流行文化和社群媒體趨勢，都是為了讓自己看起來、感覺起來比實際更年輕。有位 60 歲的友人最近特意告訴我，她在使用 TikTok，彷彿這是什麼與時俱進的榮譽徽章。

　　人們追求青春的原因林林總總，不過追根究柢通常都一樣：多數人無時無刻不被「年輕比年老好」的觀念轟炸，不只在日常資訊中被強化，也在針對年輕人市場的一系列行銷活動裡強化。根據市調公司 Statista 的資料顯示，2018 年全球年輕人市場的廣告支出超過 42 億美元，2021 年達到 46 億美元。[4]2015 年，千禧世代市場的廣告支出，是所有其他群體總和的五倍多。[5]

　　說起來難以置信，在 1940 年代末之前，年輕人市場在美國一直沒有被業界放在眼裡。然而，戰後多年的繁榮和人口成長，創造出一個龐大且具有經濟影響力的群體，吸引了一小群先驅業者的關注。他們積極開發新的產品與服務，也想要開拓新的行銷通路與傳播管道，從年輕人的口袋挖金，即使為此賺不到老年人的錢也在所不惜。

　　年輕人市場的開拓者利用人口結構的變化、二戰後出現變動的社會與經濟常態賺錢。他們懂得利用世代焦慮，透過有特定受眾的出版品、廣播與電視節目，直接與年輕人對話。他們一貫的說法是年輕人就是比老年人特別，而這個訴求也逐漸成為主流觀念。他們把過去專屬於成年禮的傳統和儀式包裝成商品，變成青少年的人生重要時刻。

　　在此呼籲產品開發、行銷和傳播領域的先驅，應該注意年輕人市場的形成過程，因為這就像一張路線圖，幫助我們了解怎麼建構其他以世代做區隔的市場。如今有愈來愈多的中、老年人仍在工作，是活躍的消費者，擁有更多可支配所得，擁有的時間也更長。拜人類數千年的年齡歧視偏見之賜，他們可能無法像年輕人那樣，吸引大家本能的欣賞目光，但確實擁有更多財富。

　　超高齡時代市場就要來臨，開發年輕人市場不再是賺錢唯一的途徑。

傳統文化普遍重視成年禮

　　現代過生日的傳統取材自歷史上不同文化的元素，創造出今日幾乎普遍存在的慶祝活動。生日蠟燭來自希臘人，生日晚餐來自波斯人，喝酒喝到茫是向羅馬人學的，生日蛋糕是德國人的傑作，生日快樂歌則是美國人教的。如今，小孩子舉辦大型生日派對，或是四處宣告自己幾歲，已經不是什麼新鮮事。有時候，主角換成一位高壽老人也不稀奇。

生日總被用來標記與衡量個人的社會地位。成年伴隨著某些特權，像是開車、投票、飲酒和服兵役。最重要的是，成年禮幾乎是變成大人的專屬標記。不過，成年也是年輕人市場自我定義的通則。

有詳盡的記載顯示，基督教援用其他文化的典禮、儀式和傳統，尤其是早期的天主教。天主教男孩和女孩大約在 14 歲時接受堅振禮，之後成為成年人，以及教會的正式成員。之所以是這個年齡，很可能是遵循羅馬人的傳統。羅馬男孩在 14 至 17 歲之間由父親決定何時成年，成人儀式中取下作為男童標記與護身符的項鍊（名為 bulla），並將童年時期的長袍換為成年人的長袍（稱為 virilis）。這時，他們即成為成年男子與正式公民，有資格服兵役。另一方面，女孩最早在 12 歲時就可以行成人禮，與人訂婚，並且把兒時玩具交給女神阿提米斯（Artemis）。

從小孩變成大人的身分轉換，在早期的東方與西方文化出奇地相似，而且都很突然：今天還是孩子，明天就是大人。這個時點大約在青春期。在古希臘，男孩在 17 歲或 18 歲前後算是成年，女孩則是 15 歲。在日本的平安時代，皇室貴族與武士會為 12 至 14 歲的男孩舉行一種叫做「元服」的成年禮。此外，從中世紀某個時候開始，東歐的猶太人以成年禮儀式（稱為 Bar Mitzvah）迎接 13 歲的男孩進入成年；而女孩要到 1922 年才有這項成年禮儀式。

時移世易，人口開始老化，也許是因為教育程度提高，大家逐漸遠離宗教及其傳統。皮尤研究中心（Pew Research Center）2018 年的一項調查印證了這個觀察：「整體而言，在調查涵蓋的 106 國中的 46 國，相較於 40 歲及以上的成年人，18 至 39 歲的成年人比較不認為宗教對他們非常重要。」[6] 這不見得代表宗教信仰正在式微，不過社會的老化與缺乏宗教信仰之間確實有強烈關聯。例如在日本這個古老的國家，只有十分之一的人認為宗教很重要，而美國教會的成員人數最近首次下降到人口的一半以下。[7]

有時候，社會也會創造新的世俗傳統慶祝成年，例如為歐洲和美國女孩在 16 至 21 歲舉行的元媛舞會，還有拉丁美洲女孩在 15 歲舉行的成年禮。在一些情況下，社會將傳統編入法律，例如美國 18 歲男孩的徵兵，或是大部分民主國家的公民在 16 至 21 歲之間開始擁有投票權。有些時候，新傳統會隨著新科技的出現而實施，例如 16 至 18 歲時可以考取駕駛執照。

獨特新身分

第二次工業革命期間，社會開始擺脫小孩一夜之間就會神奇地變成大人的觀念，一個稱為「青少年」的人生新階段於焉出現。這個人生新階段讓兒童能夠慢慢地過渡到成年，而不必像前幾代的人一樣，在還是個孩子的時候就突然被推進遙遠的大人世界。

一開始，青春期可能只出現在富戶豪門，然後是新興的中產階級，最後才是窮人家，因為有愈來愈多兒童不再被迫下田或到工廠工作以養家糊口。1938 年的《公平勞動標準法》旨在「保障青少年的教育機會，禁止他們從事危害健康和安全的工作」，[8] 這項法令對兒童與青少年時期的生活正常化產生重大影響，使孩子得以遠離工廠和礦場，留在教室裡受教育。

1900 年時，美國已有 34 個州實施義務教育，到了 1910 年，有 72% 的美國人都上過學。[9] 1918 年，美國每個兒童都得到接受基本教育的保障。今天，根據美國教育委員會（Education

Commission of the States）的說法，「24 個州與哥倫比亞特區規定學生在校就讀直到年滿 18 歲，11 個州規定，學生就學直到年滿 17 歲，而有 15 個州的規定是 16 歲。」[10] 1900 年之前，美國大部分地區根本沒聽過中學這種機構，但是到了 20 世紀前半，全美到處都設有中學。1940 年時，50% 的美國青少年都有中學文憑。[11]

在許多方面，延長教育成為打破貧窮循環的關鍵，有助於增加國家財富，同時也創造出一種環境，讓兒童以過去做不到的方式自由長大成人。教育也讓人有了選擇，特別是對年輕女性來說，不再只能扮演母親和照顧者的角色。社會開始意識到，青少年已不是兒童，但也還不是完全成熟的大人，而是一種介於兩者之間的獨特新身分。

二戰之後，「teenager」一詞開始用來統稱青少年，然而，意指 10 幾歲的「teen」與「teenage」的使用可以追溯到 1899 年。當時在明尼蘇達州教育協會第 37 屆年會上，明尼亞波利市中央中學（Central High School）的校長約翰・葛利爾（John N. Greer）在一場演講中說道：

10 幾歲的男孩與女孩！從這句話就可以看出，心理學與兒童研究有個極重大的問題，這方面的著述與我們的理解是這麼少！他們不是男人和女人，也不是小孩。他們代表一段希望、奇想與抱負竄升的時期。在他們眼中，未來波瀾壯闊而深具吸引力，而且很容易就可以征服。自我意識剛剛萌芽，自我主義的蓓蕾飽滿待放。他們的心智還無法分辨思想自由與放縱之間的差異。[12]

今日，青少年的說法早已稀鬆平常，這要歸因於戰後的嬰兒潮，以及戰後經濟的蓬勃發展，讓人們能夠得到好工作，有更多可支配所得。在那段時期，青少年不只成為一個人生階段，也成為不可小覷的市場。現在我們稱之為嬰兒潮世代的人，當年正是人數浩蕩的第一代青少年，他們徹底改變了世界。

青少年市場崛起

2018 年，記者德瑞克‧湯普森（Derek Thompson）在《星期六晚郵報》（*The Saturday Evening Post*）的一篇文章中指出，「青少年在 20 世紀中的出現，是受惠於教育、經濟與科技三大趨勢的滙流：中學為年輕人提供在家庭監護之外另一個建構文化的場所；經濟的快速成長為他們帶來所得，可能是從父母那裡賺取，或是向父母索要；汽車（以及後來的另一項行動科技）則讓他們得以獨立。」[13]

此外，後來的個人電腦、呼叫機、行動電話、智慧型手機及社群媒體等科技，在在都對接下來世代及青少年追求獨立與成為大人的過程，發揮重大作用。

任何新市場都有開拓先鋒，年輕人市場也不例外。如果不是尤金・吉爾伯特（Eugene Gilbert）在 1945 年創立第一家以青少年為服務對象的行銷研究公司「吉爾伯特青少年服務社」（Gil-Bert Teen Age Services），還有在 1944 年創刊、第一本以少女為目標讀者的雜誌《荳蔻年華》（*Seventeen*）的創刊人暨總編輯海倫・華倫汀（Helen Valentine），或許不會有像今天這樣的年輕市場。吉爾伯特與華倫汀之所以得到推崇，就是因為能另眼看待青少年，把他們視為不同於兒童或成人的獨特群體。

《紐約客》在 1958 年一篇側寫報導〈一個階層、一種文化、一個市場〉（A Caste, a Culture, a Market）裡述及，吉爾伯特很早就進入這個領域經營。1944 年春天，他在鞋店當理貨員，因為運動鞋賣不好，於是向老闆提議做研究了解原因；結果發現，10 幾歲的男孩根本不知道鞋店有賣運動鞋。等到鞋店開始對青少年做廣告，運動鞋立刻搶購一空。[14]

吉爾伯特做了兩件在當時來說很不尋常的事：一是僱用青少年招攬其他青少年參與市場研究，他認為青少年不信任成年人，這個觀點正確；二是每個星期撰寫由美聯社發稿的專欄「年輕人在想什麼」（What Young People Think），提升大眾對青少年的認識。不久，瑪費百貨（Marshall Field's）、埃索石油（Esso）、美國陸軍與《荳蔻年華》雜誌都成為他的客戶。

　　華倫汀執掌的《荳蔻年華》起初以少女為訴求對象，提供獨特內容，並成為廣告商的專屬傳播管道。根據《廣告時代》（*Advertising Age*）的說法，「它的編排內容、時尚版面與專題報導，加上迅速成長的發行量，為廣告商創造接觸年輕消費群的完美工具。」[15]《荳蔻年華》的讀者人數在第一年就爆增到百萬。而華倫汀之所以聲名大噪，主要就是因為她成為美國企業進入青少年市場的引路人。

　　這很重要，因為在此之前，企業雖然了解兒童、了解成年人，也了解老年人，然而幾乎所有的行銷和傳播方式都是以成年人為目標，因為企業認為這是有消費能力的族群。吉爾伯特和華倫汀為劇烈的典範轉移創造條件，從根本翻轉企業開發、執行，以及銷售產品與服務的方式。

流行文化與媒體角色

對青少年的認知，還有對年輕人市場及其反主流文化特質的意識，迅速滲入美國的國家精神。廣播與新興的電視媒體，將青年文化最早的聲音、影像帶入美國人的家裡與車上，於是廣告商蜂擁而至。不久，全世界都認識比爾哈利與彗星樂團（Bill Haley & His Comets）、波·迪德利（Bo Diddley）、胖子多明諾（Fats Domino）、小理察（Little Richard）、「殺手」傑瑞·李·路易斯（Jerry Lee Lewis）、「貓王」艾維斯·普里斯萊（Elvis Presley）和查克·貝瑞（Chuck Berry）等人物。

2017 年去世、享年 90 歲的貝瑞，影響尤其深遠，因為他比當時任何藝術家都更了解青少年。他不只對青少年唱歌，最早的幾首熱門歌曲都跟青少年有關，包括〈甜蜜年少 16 歲〉（Sweet Little Sixteen）。《告示牌》（*Billboard*）雜誌曾經報導，「貝瑞在搖滾樂注入一種『我們比大人更懂』的狂妄自負，這是他的前輩與同儕還不敢做的事。」[16]

搖滾樂之所以從音樂風潮轉變為勢不可擋的態度與生活風格，風行於青少年之間並席捲全美國，標榜「年輕就是特權」的態度正是關鍵（也可以說為1960年代的世代鴻溝埋下種子）。

值得注意的是，我們今天認為屬於嬰兒潮世代的文化與社會接觸點，有許多都不是由嬰兒潮世代創造，他們只是消費者。這在今天至關重要，我們不能假設嬰兒潮世代會為自己設計產品與服務，會以創新的策略對自己行銷與傳播。只要願意深入這個世代的時代精神，不管是嬰兒潮的上一代，還是 X 世代、千禧世代、Z 世代，都大有機會在嬰兒潮世代的龐大規模和購買力裡挖到金礦。

　　這段時期的社會變革領導者，有許多也不屬於嬰兒潮世代。《紐約客》在 2019 年有一篇路易斯·梅南德（Louis Menand）的文章提到，「最年輕的嬰兒潮世代中學畢業時，美國總統是雷根，越戰結束已經七年。」[17]

　　嬰兒潮世代遲早會留下他們的印記，不過這要到 20 世紀後期才會發生。生於 1947 年的艾爾頓·強（Elton John）到 1970 年才推出了他的第一首熱門歌曲〈我們的歌〉（Our Song）；生於 1948 年的史蒂薇·尼克斯（Stevie Nicks）到 1975 年才加入佛利伍麥克樂團（Fleetwood Mac）；1951 年出生的湯米·希爾費格（Tommy Hilfiger）一直到 1985 年才創立自己的同名服裝品牌；「微軟之父」比爾·蓋茲生於 1955 年，在 1975 年創業，公司在 1985 年上市；1958 年出生的瑪丹娜到 1980 年代才成為

「流行天后」；1960 年出生的波諾（Bono）在 1987 年發表《約書亞樹》（*The Joshua Tree*）專輯後才揚名國際。還有，出生於 1964 年的珊卓‧布拉克直到 1994 年才在驚險動作片《捍衛戰警》嶄露頭角，這時第一任嬰兒潮世代總統、出生於 1946 年的柯林頓就任已近兩年。

世紀中期的電視劇不但強調當時社會的合群從眾，也突顯青少年文化與挑戰現狀的新興運動：電視劇《我愛露西》（*I Love Lucy*）深入探討跨文化婚姻，《新婚夢想家》（*The Honeymooners*）觸及種族與性別不平等，《天才小麻煩》（*Leave It to Beaver*）則檢視青少年對現代美國家庭的影響。

這些節目沒有一個是以老年人為常設主角，而且多半以年輕人為焦點，這並非巧合。就算真的有偶爾客串或一再出現的老年人角色，也都被塑造成無助、怪異，甚至是丑角的形象（尤其是角色偏離當時社會所接受的典型時），抑或是退化衰敗、被妖魔化、完全被漠視。這表示有許多荒謬的偏見在各地被強化與傳播，我們的目光所見都是對老年人不算正面的籠統觀點，這種大眾媒體的偏見，從電視時代開始就一直存在，直到最近，流行文化對老年人真實而合理的描繪才逐漸普遍。

好萊塢與新媒體已經開始改變態度，不再專門只為年輕人與中年人製作節目，甚至開始調整對老年人、尤其是老年女性的描繪。最早開始關注老年女性生活的電視劇就是 1980 年代熱門的《黃金女郎》。今天，《同妻俱樂部》（*Grace and Frankie*）等影劇更真實地描繪 60 幾、70 幾、80 幾歲或更年長的人的生活樣貌，顯示電視節目經營者和製作人已經開始覺醒，在老年市場及適合對老年人口行銷的故事裡看到價值。

廣告商與品牌嗅到變化

在 20 世紀中期轉向的不只是媒體，還有廣告，而那個劇變時刻就是百事可樂 1963 年在全國登場的媒體廣宣，內容是年輕人在游泳、騎單車和滑雪，都是年輕人會做的事。有史以來第一次，廣告內容對產品本身及功效幾乎隻字未提，百事可樂向年輕客群推銷年輕人的願景，並對他們大聲疾呼：「讓自己充滿活力！你是百事新一代！」

百事可樂那次的廣告，本質上是反廣告，靈感或許來自福斯汽車 1959 年的「小才是王道」（Think Small）活動。這個訊息引起新興的反主流文化的共鳴，鼓勵年輕人滿懷雄心壯志，闖出一番成就。其他企業看到百事可樂的成功，也如法炮製，用這套訴求作為向年輕人發聲的藍本。最近的例子包括巴塔哥尼亞（Patagonia）在 2011 年的「別買這件外套」（Don't Buy This Jacket）和多力多滋（Doritos）在 2019 年的「更高境界」（Another Level）。

行銷焦點轉向年輕人不只是一時風潮，這是一次大轉彎，而且數十年來影響持續不輟，不只表現在對消費者銷售產品與服務的層面，還有開發方式。在許多地方來看，我們開始相信年輕人是最有價值的人口群體，應該優先重視。

許多 1960 年代針對年輕人市場推出的品牌，至今仍然是當代典範，像是耐吉（Nike）、雷夫・羅倫（Ralph Lauren）、卡文・克萊（Calvin Klein）、北面（The North Face）及蓋普（Gap）。很多時候，這些品牌仍以年輕人市場為他們的核心策略，廣告始終展現年輕人的形象，隨著青少年文化不斷變化的規範而調整，但沒有隨著核心顧客一起變老。

到了 1970 年代末，針對年輕人的廣告與文化已經緊密交織，成為許多已開發國家的常態。有些年輕人體認到，1960 年代最叛逆的青少年文化，先是被創業家、後來是媚俗的零售店包裝成商品，於是開始尋找無法被迅速收編或拿來迎合消費者口味的身分認同。1970 年代末與 1980 年代初的龐克文化，還有 1990 年代初期的頹廢搖滾，都是最佳的例子。

1981 年 8 月 1 日，MTV 音樂台開播，目標觀眾是 12 到 34 歲的人口，特別是青少年和年輕人。這是第一個專屬於這群觀眾的電視頻道，目標在當時也是前所未有：每天 24 小時播放音樂錄影帶。

音樂並不是這種青少年文化唯一強調的重點，電視與電影的重要性，很快就和音樂三足鼎立。1980 年代著名的青少年電影導演約翰·休斯（John Hughes）將他影片裡的角色塑造成機智、努力在自己被忽視或誤解的世界裡尋找意義的人。

在屬於我的 1980 年代和 1990 年代，班尼頓（United Colors of Benetton）、Guess 和 Abercrombie & Fitch 等是市場主宰，他們推動社會和文化規範，把變革包裝成商品，藉此積極爭取我這一代的認同。我所屬的 X 世代〔得名自道格拉斯·庫普蘭（Douglas Coupland）的同名書〕，在溜冰場與購物中心打發時間，是整個世代都迷 MTV 的第一個世代，也是開始在網路上社交的第一個世代。

班尼頓公司雖然是由盧奇亞諾（Luciano）、茱莉雅娜（Giuliana）、卡洛（Carlo）和吉貝托（Gilberto）這四個手足在 1965 年所創立，但直到 1980 年代，它的創新和行銷能力才在擁擠的全球市場中吸引年輕消費族群的注意。班尼頓的成功大部分要歸功於奧利維耶羅‧托斯卡尼（Oliviero Toscani），這位備受爭議的義大利攝影師和藝術總監在 1982 年到任，開始針對不平等、種族歧視和企業的偽善等議題策劃廣宣活動。這些活動汲取當時的時代精神，深得年輕市場的青睞。未來，廣告商也應該花費同等心力，深入年長市場挖金。

青少年不只挑戰流行文化與消費文化，也開始做更多的事。他們組織起來，展現政治力量，挑戰性別、種族與性取向的現況，而最重要的是挑戰成年人的權威。

反抗當權者不是什麼新鮮事，似乎每個世代都會發生。不過，上世紀中期這次不太一樣，造成對老年人更嚴重、幾乎普遍存在的不信任。簡單說就是：年老是不好的，社會應該重視年輕人勝過任何事物。這種態度的問題出在，每個人遲早都會老，年輕人這是在和自己及即將到來的超高齡時代對賭。

1964 年，「我們 vs. 他們」的態度萌芽。同年 11 月，參與加州大學柏克萊分校新左派和言論自由運動的 24 歲環保人士傑克‧溫伯格（Jack Weinberg）發明「不要相信年過 30 歲的人」這句話。在嬰兒潮世代爭取社會、文化、政治與經濟的主導地位時，這句話成為他們的戰鬥口號。

歌詠青春、抗拒老去的訊息也融入流行音樂。英國樂團

「何許人」（The Who）在 1965 年唱道：「我希望在變老之前死去。」披頭四在 1967 年問道：「我 64 歲時，你還需要我、餵養我嗎？」無論是生存狀態或精神狀態，擁抱年輕並拒絕成熟，已成為我們信仰結構的核心，幾乎無可撼動。

在早期有紀錄的歷史上，許多傳統都是基於生命的短暫而存在。在青少年文化出現之前，甚至已進入形成時期，童年與成年之間都還存在著一條鮮明界線。

在工作場所最能看出這一點，男性衣著大多遵從同樣的剪裁風格。視覺上，至少在 20 世紀前半到四分之三的時間裡，成年人就是要穿灰、黑或藍色衣服，打領帶，用髮油把頭髮整齊地往後梳攏。成年人無論年紀，穿著風格都相當統一。等到 1960 年代的反主流文化進入工作場所，老年人全面被取代時，情況開始改變。

青春的神聖化

1960 年代，嬰兒潮世代大量湧入勞動市場，工作場所也隨之注入年輕人的文化。不過，X 世代一直到 1990 年代才把「休閒星期五」放進企業文化與詞彙中。到了 2000 年，千禧世代才讓帽 T 和牛仔褲流行起來，成為年輕、創新、科技導向、變革階層的必備行頭。辦公室裡還在穿西裝的人，不是古板、體制內、落伍，就是老人家。

年齡歧視的企業文化、偏好年輕人的職場規則，這些發展固然可以歸咎於嬰兒潮世代，年齡歧視文化的創造和擴大，嬰兒潮世代的直接影響斑斑可考。不過，後來的世代製造並放大對老年人的負面誤解、把青春神聖化，也可以說難辭其咎。

現在當執行長的人無論年齡，最先關注的都是年輕人。臉書的千禧世代創辦人馬克·祖克柏（Mark Zuckerberg）有句名言：「年輕人就是比較聰明。」[18] 就連阿里巴巴的共同創辦人、前執行董事長馬雲也在 2018 年世界經濟論壇上向年長者建議：「人在 50 到 60 歲時，要花時間訓練、栽培年輕人，也就是下一代。等到過 60 歲，最好與孫子們住在一起。」[19]

在職場，「年輕就是好事、年老就是壞事」的態度源於一種毫無根據的觀念，那就是認為所有老人都是遲鈍、死板、科技盲。在這般將老年人一竿子打翻一船人的負面偏見下，有愈來愈多 30 多歲的年輕人為了保持青春容貌而去做整形手術。樂活旅館（Joie de Vivre）創辦人、Airbnb 前經理人奇普·康利（Chip Conley）最近在他位於墨西哥南下加州（Baja California Sur）的現代長者學院（Modern Elder Academy）開課，每星期課程收費

5,000 美元，學員有的才 37 歲，課程主題是學習如何成為「現代老年人」，「在這個時代，個人能有很多貢獻，但也有很多東西要學習。」學員在課程中學習的是，如何把中年及之後的歲月視為人生的豐收期。

從古典時代到工業革命，青春和活力都是人們渴望的特質。不過，整個社會投注大量心力追求個人保持（或至少看起來）青春永駐，這還是 20 世紀初才開始的現象。如今，單是美國的美容與化妝品產業每年就有將近 6,000 億美元的產值，預計 2025 年將成長為 8,000 億美元，健身房與整形外科的成長預計也會持續。[20] 愈來愈多人開始關注外表，希望留住年輕的樣貌。我們正在抵抗年齡，拒絕變老。

美的醜惡面

講到歌頌青春和對抗年齡，沒有產業比得上美容、時尚與養生產業。這件事也有其歷史背景。據了解，埃及女王克麗奧佩特拉（Cleopatra）每天用當時認為可以保持皮膚看起來年輕的酸驢奶泡澡。[21] 中國唐代女皇武則天用冷水及「仙粉」（精心採收並調製的益母草）洗臉，保持青春容顏。另外，在伊莉莎白時代的英格蘭，女性會用生肉薄片敷臉。[22] 18 世紀的法國婦女則用陳年葡萄酒泡澡。

到了 20 世紀，歌頌青春和對抗年齡的訊息才被放大。女性尤其經常被完美到不可思議的美麗圖像轟炸，鼓動她們對抗自然的老化過程，而且最早的廣告通常是從男性欲望的角度出發。肥皂公司棕欖（Palmolive）編造「中年」皮膚問題，創造出或許是最早、最著名的抗老化廣告範例。美容公司主打年齡差辱來換取成功，不切實際的審美標準讓好幾代女性充滿焦慮感，商家則從中牟利。

問題不只出在對抗老化的資訊，還有老年人在媒體缺乏代表性。AARP 的數據顯示，超過 50 歲的人占美國人口超過三分之一，但只出現在 15% 的媒體圖像中。[23]

我們的文化開始內化這種訊息：變老就是壞事，需要隱藏或減少老化的影響。廣告商不只想要在年輕市場淘金，也想要利用我們對死亡和長壽的不安全感大發利市。

如今有超過三分之一的 60 歲以上女性表示，過去三個月內使用過抗衰老產品。[24] 根據 Statista 統計，「2020 年，全球抗衰老市場的產值大約是 5,850 億美元。預計在 2021 至 2026 年間，抗衰老市場的複合年成長率將達到 7%。」[25]

數十年來，女權主義者一直認為，美諾潔（Noxzema）、伊麗莎白雅頓（Elizabeth Arden）和蜜絲佛陀（Max Factor）等家喻戶曉的美容產品商助長那些無法企及的審美標準，強化一個父權、異性戀、抗拒衰老的社會。直到 2017 年才有《誘惑》（Allure）雜誌對「抗老」這個觀念開出第一槍，發表聲明稱：「我們決議不再使用『抗老』這個詞彙。無論是否有所知覺，我們都在潛移默化中強化這樣的訊息：老化是我們需要對抗的問題，就像使用抗焦慮症藥物、防毒軟體或抗真菌噴霧劑對付某些問題一樣。」[26]《誘惑》是美容專題雜誌，而且需要仰賴美容業的廣告收入，這確實是非常激進的立場。

大眾媒體及與其交織的消費主義，以頌揚年輕人、排擠老年人的訊息和圖像轟炸大眾，基本上是在鼓動個人對抗年老，彷彿這是一場可以打贏的戰爭。如今，「70 就是新 50」之類的口號強調盡可能延長保持活力與生機的時間，卻沒有為患有退化性疾病、喪失認知能力或遭受孤獨之苦的人提出替代方案，反讓人們對未來和變老感到恐懼。

難怪隨著年齡增長，我們會不想慶祝生日；難怪我們隨時隨地都在對抗老化。最好回顧一下羅馬時代，他們為活到熟齡歡慶，而不光只是祝賀新生與青春。

扭轉抗老觀念

　　每個父母都會告訴你，養兒育女一路從嬰兒、兒童、青少年到成人，各個階段都要準備大量的時間、心力與財力。事實上，社會各界包括但不限於科學家、社會學家、醫師、教育工作者與政策制定者，都為此制定了路線圖和發展標準，以衡量年輕人的健康、社會和教育進度，確保他們走在正確的方向。奇怪的是，我們卻沒有為長壽做任何準備，沒有路線圖，也沒有標準。

　　年老與年輕之間的人為分界線、世人對青春的熱愛（我相信是崇拜），以及對老年人的負面態度和刻板印象，這些都是難題。儘管 20 世紀中期發展的青少年文化，可能已讓「年輕人在各方面都優於老年人」這種過去的觀點根深柢固，不過我們還是有可能、也有必要扭轉「抗老」觀念。

　　我們必須有能力頌揚大器晚成，把 40 多歲第一次步入婚姻的想法變成常態，我們應該為選擇在 50 多歲生小孩的人喝采，為那些在 60 多歲時追逐夢想、成為創業家的勇者鼓掌。人生不會停在 25 歲，這種事從來沒發生過。對長壽友善，擁抱後青春人生，是準確反映年齡多元新社會、善用超高齡時代雄厚的社會與經濟潛能的唯一途徑。

　　如果不這樣，代價最輕是錯失未來許諾給我們的機會，最嚴重是經濟衰頹飄搖，長壽紅利也將消失殆盡。

第4章

創造長壽紅利

> 更長壽、更健康的生活，代表花在生病的時間和金錢
> 更少，也有更多時間保持身體健康和經濟生產力，降
> 低國家醫療保健支出。

　　1835 年，「進化論之父」達爾文搭乘英國皇家海軍帆船小
獵犬號，抵達加拉巴哥群島。在島上，探險隊成員捕獲一隻象
龜，取名哈麗特（Harriet）。[1] 2006 年，哈麗特在昆士蘭的澳洲
動物園去世，享年 176 歲。

　　哈麗特不只活過達爾文到訪期間，還活過加州淘金熱、美
國內戰，以及燈泡發明，而這一切都發生在牠 50 歲生日之前。
其他重大全球事件發生時，牠也在世，例如自由女神像落成、
現代航空的誕生、兩次世界大戰、1917 年俄國革命、西班牙流

感、經濟大蕭條、人類登陸月球、柏林圍牆倒塌、美國 911 恐攻事件,這些還只是其中區區幾件。不過,世界上長壽的動物不只有哈麗特。

美國科學促進協會(American Association for the Advancement of Science)2016 年的一項研究發現,格陵蘭鯊的平均壽命比哈麗特長 100 歲,平均壽命大約 272 歲。有人認為這種原產於北大西洋的格陵蘭鯊,可以活超過 400 年。[2]

這表示今天接近生命終點的格陵蘭鯊魚,曾歷經西班牙教會首次前往加州宣教的時期。在英格蘭清教徒抵達麻州普利茅斯岩(Plymouth Rock)時,或是莎士比亞名作《暴風雨》與《亨利八世》首演時,現在最老的那隻格陵蘭鯊魚可能也在世。

大家都知道,自然界還有生物遠比加拉巴哥象龜與格陵蘭鯊長壽,而瑪土撒拉(Methuselah)就是其中之一。這是一棵位於加州的狐尾松,樹齡將近 4,800 年,被認為是地球上已知最古老的複雜生物體。[3] 有些老化速度非常緩慢的生物可以活數百年,幾乎沒有衰老跡象(也稱為細胞老化),包括岩魚、蛤、龍蝦和水母。

像加拉巴哥象龜和格陵蘭鯊這樣長的壽命,不是人類能夠輕易做到的。事實上,關於人類壽命,仍有許多我們還不清楚的地方，所知非常有限，或許是被我們的想像力所圍。目前，人類壽命的上限大約是 120 歲，唯一經過驗證、超過目前上限的人是法國的珍妮・卡爾蒙（Jeanne Calment），她在 1997 年去世，享壽 122 歲又 164 天。

　　歷史上絕大部分的時候，醫學研究都是以改善生命前期的健康為焦點，因此提高了嬰兒與兒童的存活率，得以過渡到青少年與成人，從而提高平均預期壽命。如今有愈來愈多人致力於治療與年齡相關的疾病，把焦點放在生命的中期與後期，人類壽命因而有進一步展延的可能。

　　一些最有希望的研究已經顯示，第一個能活到 150 歲的人可能已經出生。有個新群體正在挑戰人類預期壽命有其上限的觀念，如非盈利組織森斯研究基金會（SENS Research Foundation）首席科學家艾伯・德格雷（Aubrey de Grey）最近指出，「我們正在接近長壽的脫離速度（escape velocity）。」也就是說，一旦突破已知人類預期壽命的上限，幾乎沒有什麼能阻止我們進一步延長壽命。

　　就像人類進入穹蒼，載人太空航行一度看似不可能，但後來我們成功進入太空、登陸月球、建立太空站，還見證第一批「太空遊客」搭著火箭航向星空。

如果不調整對長壽和老年人的集體態度，無論健康的壽命延長多久，對社會都毫無意義。目前，大部分的人都把老年人視為社會與經濟的負擔。延長健康壽命、縮小壽命差距（來自不同性別、種族、區域與經濟群體之間的壽命差異）有助於翻轉這種說法，善用老年驚人的經濟與社會潛能。我們可以透過培養一個人的能力，讓他終身參與社會。

可塑的壽命長度

儘管在歷史的大部分時間裡，人類的壽命都很短，卻幾乎都會為死亡而陷入沉思。人類祖先對於死亡如此著迷，甚至認為自己是唯一理解死亡的動物。

1970 年代初，人類學家歐內斯特・貝克爾（Ernest Becker）在獲得普立茲獎的《死亡否認》（*The Denial of Death*）一書中都還寫道：「對死亡的認識屬於反思與概念的理解，而動物不用花這種腦筋。」[4]另一方面，我們的行為又寄託於宗教傳統和對青春不懈的追求，以及離世後豎立起的紀念碑。

直到最近，我們才開始了解其他生物也理解死亡，包括海豚、鯨魚、大象和黑猩猩。[5]雖然「人類是唯一理解死亡的物種」這種觀念不再，但人類似乎仍然是唯一關注生命盡頭的物種，而且很多時候也是唯一關注如何減緩老化速度、延長生命或死裡逃生的物種。

19 世紀末、20 世紀初，人類社會首次開始利用營養、衛生、社會福利與科學的進步，大幅改善人類處境並延長壽命，這些創新的目的幾乎都是為了降低嬰兒和兒童死亡率。憑著一點運氣加上環境條件，我們很快就發現，這些進步也可以用來延長壽命。不過，直到最近的 30 年，才有少數科學先驅與投資鉅子開始相信並投資於延長人類壽命的方法，超越了我們最瘋狂的想像。

在那之前，研究人員幾乎將所有心力和資源都投注在提高嬰兒與兒童的存活率和生活條件，人類平均壽命因而延長。把研究重心移轉到提升健康成年期，以延長成年人的壽命，不但與過去的方向截然不同，也是超高齡時代的重要標記。由於長壽研究潛在的投資報酬率極為優厚，因此也會是投資者押注之所在。

儘管壽命延長的可能性很高，卻也沒有人能掛保證。我們應該明智地聽從我的同事安德魯・史考特（Andrew Scott）的建議：「人類的生命與長壽在本質上具可塑性。」史考特啟發我寫了這本書，他也是《100 歲的人生戰略》、《長壽新人生：在人工智慧與高齡化的未來，工作與生活的嶄新指南》(*The New Long Life: A Framework for Flourishing in a Changing World*) 的共同作者。

史考特的觀點令人既嚮往又憂心，因為他提醒我們，預期壽命可以延長，但也可以縮短。歷史上（特別是近代歷史）曾經有一些值得注意的案例顯示，原本有所提升的預期壽命之所以被抹滅，大部分是個人行為或惡劣的公共政策所造成。這表示如果我們想要繼續延長壽命，就必須做正確的決定和投資，以支持這個目標。各國政府尤需鼓勵國民吃得更好、加強健身，並實行預防照護。

顯然，前路必有顛簸，有些局面也非我們能掌控，包括新冠疫情大流行等重大衛生事件。根據美國疾病管制暨預防中心（Centers for Disease Control and Prevention，CDC）2020 年初步的數據顯示，由於受到疫情影響，美國人的預期壽命大幅下降到 2006 年的水準。[6] 2021 年初，美國政府表示預期壽命減少了將近兩年，是自二戰結束以來最大降幅。[7]

其中最大挑戰是改善政府所掌管的領域。根據 CDC 的數據，2019 年美國有超過七萬人因藥物過量死亡，躍居與傷害相關的死亡主因。[8] 自 2014 年開始，自殺和毒品氾濫（多半因經濟惡化而盛行，加上處方藥與違禁類鴉片藥物的成癮）連續三年拉低美國人的預期壽命。[9] 酗酒、吸菸與不良飲食，導致癌症、糖尿病等一系列非傳染疾病，也是美國人壽命降低的主因。

另一個例子是，英國在 2010 年為了因應經濟大衰退而實施撙節政策，對英國人的壽命增長產生負面影響。在《公平社會、健康生活：馬穆評論報告》（*Fair Society, Healthy Lives: The Marmot Review*）這本開創性的研究著作中，麥可·馬穆（Michael Marmot）爵士和他的團隊發現，當政府嚴厲削減社會與醫療保健福利，很多時候都會加劇貧富之間的差距，包括壽命的差異。[10]

《馬穆評論報告》進一步指出，撙節政策形成一種預期，認為會有更多人在更長期間處於健康狀況不佳的狀態，而諷刺的是最後導致政府支出更多。過去 100 多年來持續成長的國民預期壽命，因為緊縮政策開始停滯，低所得人口的預期壽命甚至開始縮短，或許還延遲英國進入超高齡時代的時間。這份報告明確指出，英國最貧困地區的預期壽命增長已經停滯，而在最貧困地區中，有 10% 出現女性壽命縮減的現象。[11]

等到這 20 年、甚至 30 年的健康歲月過去時，我們也必須有受挫的準備。即使科學家對於理解老化的機制有新突破，即使我們已經突破目前的壽命上限，也必須做好失望的準備。我們遲早會突破極限，但進步有時候可能會因不智的個人決策、愚蠢的公共政策，甚至是流行病而中斷或停滯。

公衛成就大躍進

第一次工業革命與第二次工業革命期間，科學意識為細菌理論鋪好了一條路，而細菌理論為人類帶來更潔淨的水，衛生標準獲得改善，徹底改變我們生產與消費食物、飲水的方式，以及後續的廢棄物處理，乃至生活型態。這也促成匈牙利醫生伊格納茲・賽麥爾維斯（Ignaz Semmelweis）在 1847 年發現洗手的好處。[12] 賽麥爾維斯當時因為這項發現而受到嘲笑，諷刺的是，1865 年時，47 歲的他因為手部傷口感染而死於敗血症。所有這些科學突破，都為我們開啟延長壽命的道路。

政府也開始在保護人類生命與社會福利上，扮演更吃重的角色，對勞工、特別是童工的保護已經是常態。政府開始供應潔淨的水、處理汙水，以及清運垃圾。在這個時期，各國政府也紛紛訂定糧食供應生產與保護標準，正如厄普頓・辛克萊（Upton Sinclair）在小說《叢林》（*The Jungle*）中所描寫的那些介入措施，可以說是在重大事件發生或揭露後的回應。無論如何，它們確實改善了人類生活，也延長了人類的壽命。

正是在那個時期，科學家開始改良愛德華‧詹納（Edward Jenner）的天花疫苗；路易斯‧巴斯德（Louis Pasteur）開發出第一代狂犬病疫苗。細菌學出現曙光，技術發展得到廣泛應用，例如巴斯德氏殺菌法（一種以低熱度處理水和某些包裝及非包裝食品的程序，作用是消滅病原體並延長保存期限）。科學家著手開發抗毒素和疫苗，以抵抗炭疽病、霍亂、白喉、鼠疫、破傷風、結核病及傷寒，所有這些都迅速提高嬰兒活到童年再進入成年的可能性。

第一次世界大戰發生在兩次工業革命之間，這時出現全世界有史以來最嚴重的流行病之一。H1N1 病毒引起的「西班牙流感」可能源於美國，而根據 CDC 的說法，這項流感導致全球約 5,000 萬人死亡，包括在美國的 67 萬 5,000 人。[13]

不管怎麼看，西班牙流感是一場極具殺傷力的事件，規模遠遠超過迅速在全世界蔓延的新冠肺炎。兩者的主要差異在於後者好發於老年人，而前者則是年輕人。事實上，西班牙流感的死亡病例 99% 是 65 歲以下的人，相較之下，新冠肺炎死亡病例有 80% 超過 65 歲。

兩次疫情的爆發，都迫使世界重新思考對疾病的態度，以及最佳因應方式。與今天一樣，西班牙流感大流行期間，美國除了一般指導原則之外，並沒有協調一致的全國應對措施。新冠肺炎大流行有更多來自國際社會的應對，這有部分要歸功於歐盟和世界衛生組織等機構，但是大多時候，各國都是自行決定抗疫對策。除了接種疫苗，我們現在所得到最有效的建議，幾乎與美國標準局（US Bureau of Standards）有機化學部主管、化學家華特斯（C. E. Waters）1918 年的詩作〈流感守則〉（Rules for Influenza）裡的建議一模一樣：基本上就是勤洗手、戴口罩、避免群聚。[14]

加拿大多倫多瑞爾森室內設計學院（Ryerson School of Interior Design）教授洛伊德・奧爾特（Lloyd Alter）表示，我們對疾病的因應及衛生觀念，也是現代建築的故事。2020 年時他告訴我：「房屋的現代風格是以細菌理論為根據，光線、空氣與開放性是核心原則。」這些細菌理論的觀念，促成我們今天習以為常的浴室與汙水處理系統的發展。

伊麗莎白・尤科（Elizabeth Yuko）在 2020 年彭博城市實驗室頻道（2020 Bloomberg CityLab）公布的〈傳染病如何影響美國浴室〉（How Infectious Disease Defined the American Bathroom）裡解釋道：「現代浴室是隨著肺結核、霍亂和流感的爆發而發展，浴室的標準固定設備、壁紙、地板和表面處理，部分是因為公眾健康普遍受到關注，為了促進家庭健康和衛生而施作。」[15]
這些「居家」創新，也是降低死亡率與延長壽命的關鍵。

　　走出新冠肺炎大流行後，我預期我們的生活、工作和娛樂
場所都會出現一些變化。無論是有肥皂和自來水的水槽，還是
手部消毒液使用裝置，手部消毒區會成為大多數家庭與企業入
口處的標準配置。大眾和建商最終會接受能自動清潔消毒、沖
水前自動合上蓋子的日本免治馬桶。企業可能會規定員工在進
入工作場所前先量體溫，創造更好的無疾病環境。

　　第四項改變也許成本最高昂、費時最長，那就是企業會安
裝負壓機，定期引入室外新鮮空氣，從而降低經空氣傳播的疾
病傳染風險。就像在西班牙流感之後的幾十年，這些介入措施
都能降低傳染病的感染程度，減少死亡人數並延長整體壽命。

　　西班牙流感之後，特別是 20 世紀中期，疫苗的研發出現重
大進展。在實驗室中培養病毒的先進方法，促成許多發現和創
新，包括 1955 年開發出小兒麻痺疫苗。匹茲堡大學的喬納斯．
沙克（Jonas Salk）的這項發現成果成功推行全國，漸漸地幾乎
根除這項疾病──小兒麻痺仍然存在於世界上一些最貧窮、最弱
勢的地區，包括巴基斯坦、阿富汗和奈及利亞等地。

　　科學家著手解決其他常見兒童疾病，像是麻疹疫苗在 1960

年代晚期開發問世，1967 年有腮腺炎疫苗，1969 年有德國麻疹疫苗，1971 年有三合一疫苗（麻疹、腮腺炎、德國麻疹），也就是涵蓋三種疾病的單一疫苗。所有這些疫苗，都讓更多兒童可以活到青春期和成年期，整體預期壽命因而增加。

器官移植也在這個時期發展並快速擴張，成為延長生命的助力。1954 年在麻州的波士頓，當時的彼得・班特・布萊根醫院（Peter Bent Brigham Hospital），也就是現在的布萊根婦女醫院（Brigham and Women's Hospital），在一對同卵雙胞胎之間進行第一例人對人的腎臟移植。隨後，1966 年在明尼蘇達大學，威廉・凱利（William Kelly）和理查・利勒海（Richard Lillehei）進行首例胰臟移植手術。1967 年，湯瑪斯・史塔哲（Thomas Starzl）在匹茲堡大學完成首例肝臟移植手術。同年，克里斯蒂安・巴納德（Christiaan Barnard）在南非開普敦的格羅特舒爾醫院（Groote Schuur）完成首例成功的心臟移植手術。

根據美國衛生及公共服務部（US Department of Health and Human Services）表示，美國在 2019 年進行的移植手術多達 3 萬 9,718 例。[16] 從表面上看，這些進展聽起來或許未必能延長壽命，但挽救的每一條生命，不管在短期或長期，都有助於整體平均壽命的延長。

潔淨的水，飽足的胃

1960 年代末，美國通過大量旨在改善環境的立法，包括減少有毒空氣汙染、清理數百條溪流與河川等，並在 1970 年設立環境保護局，作為常設聯邦機構。OECD 的歐洲與亞洲國家也採取類似行動。當然，這些都有助於提升全球衛生標準、延長平均壽命。

1900 年時（蒐集 65 歲及以上人口數據的第一年），美國年齡 65 歲及以上的人只占總人口的 4.1%（剛好突破 300 萬人）。[17] 1950 年時是 8%，2000 年是 12.4%，2020 年時是 16.9%，約為 5,600 萬人，而到 2050 年會攀升為 22%，剛好突破 9,600 萬人。[18] 這表示在 2040 年左右，也就是美國剛剛跨進超高齡時代之後，65 歲以上的人口數會比 100 多年前的總人口數還要多。

1900 年時，美國死亡者有 30% 是五歲以下的兒童，到 20 世紀末只有 1.4%。[19] 聯合國跨機構的兒童死亡率統計小組（Group for Child Mortality Estimation）自 1950 年代開始蒐集的資料，顯示全球也出現同樣的整體下降趨勢。事實上，根據世界糧食計畫署的數據，自 1990 年以來，全球五歲以下兒童的死亡率已經下降近三分之二，從 1990 年的每 1,000 名活產兒有 93 人死亡，降到 2018 年的 39 人，相當於 1990 年時有十分之一的兒童在五歲之前死亡，到了 2018 年是二十六分之一。[20]

未來已來

科學家才解決了青少年死亡率問題，就有一群人開始著眼於生命的另一端，研究精微複雜的 DNA 和其他分子生物動力學，尋找可望大幅延年益壽的處方。這些研究打的旗幟，不是克服老化本身（這在主流科學仍然多少具爭議性），而是研究人員開發新藥和新療法，以治療老年的疾病，例如心臟病和糖尿病。而背後的金主，是相信投資能得到豐厚報酬的億萬富翁和創投公司。

人們普遍認為，老化會影響我們罹患許多疾病的風險，特別是慢性非傳染疾病。美國高齡全國委員會（National Council on Aging）的數據顯示，美國老年人大約有 80% 至少患有一種慢性病，接近 70% 至少患有兩種慢性病，而最常見的是高血壓、關節炎和糖尿病。[21] 知名智庫蘭德公司（RAND）2017 年有一項研究發布驚人數據：「（全體）美國成年人現在有 60% 至少患有一種慢性病，42% 不只一種。」[22]

傳染病勢必會隨著衛生與科學的進步而得到控制，例如

1980 年的天花。於是社會跟著高齡化，傳染病的盛行率下降，非傳染疾病更容易成為威脅並占用更多資源。米爾肯研究院（Milken Institute）2018 年的一份報告顯示，七大非傳染疾病的治療費用加上各個年齡層流失的生產力，單是在美國每年就損失近兆美元。[23] 打破這條通則最大、最近的例外是美國 2020 年爆發新冠肺炎，造成數兆美元的損失，經濟陷入衰退。

要活得更長壽、更健康，個人可以有很多作為。例如，丹・布特納（Dan Buettner）在他 2008 年開創性的著作《藍色寶地：解開長壽真相，延續美好人生》（*The Blue Zones: Lessons for Living Longer from the People Who've Lived the Longest*）中探究，從日本的沖繩、義大利的撒丁尼亞島，到哥斯大黎加的尼科亞（Nicoya），為什麼世界各地都有某些社區的人特別長壽，而且患病率相對較低。他發現，藍區的共通點是社區人際關係緊密、個人保持身心活躍、健康的在地飲食，這些地區的老年人也成功融入社區的社經結構。

如今，醫師與公衛官員幾乎都建議民眾終生實行健康飲食、保持活躍，也警告大家要防範過度飲酒和吸菸的風險。不過，有愈來愈多證據顯示，社會關係對壽命有重要影響。事實上，楊百翰大學 2015 年有一項研究指出，社會孤立的健康風險相當於每天抽 15 支菸或是酒精成癮。[24] 只要與家人和朋友保持聯繫並融入社區，就相當有益於延長壽命，更重要的是，延長健康的壽命。

健康的生活、緊密的社會關係、科學的突破三管齊下，人類壽命可以延長多少年？少數熱衷長壽之道的人認為可能有數十年，多數人則相信沒那麼多。什麼時候會實現？再過 10 年？20 年？50 年？如果典範移轉，老化被視為一種疾病，那會怎麼樣？聯合國估計，即使沒有根本性的科學變革，到下個世紀，已開發國家的預期壽命將達到將近 100 歲，發展中國家為將近90 歲。

將老化視為一種疾病

關於衰老或細胞老化，基本上有兩個公認的生物學理論。第一個是「程式論」（programmed theory），認為人體有一個「老化時鐘」，在特定時間關閉某些生物程序。另一個是「損傷論」（damage theory）或「失誤論」（error theory），認為細胞和組織會隨著時間而受損。[25] 兩種理論都認為，年紀愈大就愈無力抵抗疾病、退化和衰殘，導致身體出現變化，包括頭髮花白、皮膚出現皺紋。

創造健康的百歲人生不只是崇高的目標，也可以釋放資源，用於解決其他更迫切的問題。否則，就像《返老還童：長壽年代的投資》（*Juvenescence: Investing in the Age of Longevity*）一書的共同作者、投資數十家益壽健康公司的吉姆·梅隆（Jim Mellon）在 2020 年告訴我的：「我們可能會隨著經濟緩慢衰退，在長壽的成本中滅頂。」但是，創造百年人生也表示我們對老年的思維需要轉變。

　　梅隆認為，截至現在及近期內的許多長壽研究都會取得成果，不過大部分在進入人體實驗階段之前都會失敗。用他的話來說：「在細胞層級或動物身上，像是老鼠，我們可以治癒很多疾病。可是，模型沒有考慮老化。我們需要在現實情況下測試更多假設。」

　　關於長壽研究，實驗室裡的第一項重大發現是在 1993 年，分子生物學家、生物老年學家辛西雅·肯永（Cynthia Kenyon）在加州大學舊金山分校得到開創性的成果。她發現，單一基因突變能夠讓健康、可繁殖的蛔蟲壽命延長一倍，首度證明了老化在一定程度上可以被控制。當然，這項發現如果要應用於延長人類壽命，就會觸碰到道德的灰色地帶，而最大問題就是誰有資格得到大幅延長壽命的機會，還有這項創新是否會變成富人所獨享。

肯永的發現開啟可能是未來歷史學家眼中的長壽淘金熱，吸引大量金融投資挹注於長壽科學，推動創新，而可能因此延長人類壽命，並改變人類的生活方式。一批批科學家受到她的啟發，其中包括《可不可以不變老？喚醒長壽基因的科學革命》（*Lifespan: Why We Age—and Why We Don't Have To*）一書的作者大衛・辛克萊（David Sinclair）。辛克萊在麻省理工學院做博士後研究期間，初步發現酵母菌老化的機制，他認為人體中的去乙醯酶（sirtuins）蛋白質的「功能障礙」，就是老化的成因。儘管他的研究很有潛力，不過這個理論尚未得到證實。

長壽基金（Longevity Fund）的合夥人蘿拉・戴明（Laura Deming）也受到肯永的研究及老化「根本上的不公平」（意思是目前老年時期有大半時間都處於退化狀態）所啟發。長壽基金是一家種子輪與 A 輪創投公司，在長壽科學研究的投資已達 3,700 萬美元。戴明認為，就像人類第一次進入外太空，長壽科學需要一個成功的臨床故事來啟發人心。這個故事會是人類值得紀念、甚至可能具劃時代意義的事件，因為它能讓一般人意識到，壽命延長的可能性不但真實，而且可以具體衡量。

從中期來看，我們可能會看到重要研究與體驗介入措施的出現，並開始以細微但具有實質意義的方式改變人類壽命，而我相信這些在我們有生之年就會發生。不過，人類面對這些進展，可能不得不做一些倫理上艱難的決定，包括是否應該在子宮內做 DNA 定序。

大多數長壽專家認為，第一次跳躍式的重大進展會在未來幾年內發生。2019 年，這個研究領域的先驅之一尼爾・巴齊萊（Nir Barzilai）展開第一項明確以抗老為目標的臨床試驗。巴齊萊博士也因發現人類第一個「長壽基因」而聞名，他的研究證實，導致高密度脂蛋白膽固醇（也就是「好膽固醇」）較多的基因變異，跟健康的老化與極端的長壽有關。

巴齊萊最新的研究計畫「二甲雙胍抗老化」（Targeting Aging with Metformin），可能從根本上改變我們變老的方式。與青春之泉不同的是，這種藥物療法不保證青春永駐或時光倒流，而是透過延緩或預防老年相關衰弱疾病的發作，改變個人的老化方式。我們不會變年輕，不過有可能過著更長壽、更健康的生活，而這會對社會有深遠的影響。

另一個前景看好、聽起來非常有未來感的器官再生計畫，在 2020 年進入臨床試驗，這項計畫的目標是利用淋巴結的功能，主事者是生技公司 LyGenesis，它與匹茲堡大學創新研究院也有器官再生聯合研究計畫。淋巴結基本上是人體的生物反應器，在抵抗疾病和複製組織方面效率很高。人體大約有 500 到 600 個淋巴結。

LyGenesis 利用再生生物學開發生命療法，以重建組織和異位器官，該公司的科學家已經在老鼠和豬身上實驗成功。他們的第一個臨床試驗是，嘗試在人類淋巴結培養健康的肝細胞。LyGenesis 的目標是創造一顆低度或零移植排斥風險的人類肝臟，或是一種橋接治療，讓病患在等待人體器官移植時仍能維持生命。

我向 LyGenesis 共同創辦人兼執行長麥可・賀福德（Michael Hufford）請教第一次臨床試驗之後的展望，他答道：「我們（人類）之所以在這裡，是因為天生具備一些抵抗感染的能力。淋巴結是遍布全身的小工廠，可以用來再生其他可以抵抗疾病的器官，例如產生 T 細胞的胸腺。」培養新胸腺對於老年人抵抗新型疾病大有助益，像是新冠肺炎；對抗古老、常見的疾病一樣有幫助，例如流感和肺炎，這些疾病的死亡案例大約有 78% 集中於 65 歲及以上的人口。

更長壽、更健康的生活，代表我們花在生病的時間與金錢更少，也有更多時間保持身體健康與經濟生產力。這項轉變勢必會降低國家醫療保健支出，提振 GDP 成長。生產力因為疾病與照顧責任而減損，幾乎已經是每個國家的包袱，儘管醫療保健支出能創造經濟活動，卻也降低國民生產力，特別是在老年人比例較高的國家，一加一減，結果仍然是淨損。

我們的目標不再只是延長預期壽命，還要縮小健康與不健康壽命之間的差距。預期壽命是存活年數的估計值，預期健康壽命則是在健康狀態下存活年數的估計值。以全球觀之，這兩項衡量指標間的差距不斷擴大，目前是八年。如果把社會經濟條件考慮進去，差距更大，而窮人的處境總是最糟糕。

至少在病患維權團體，一個經常出現的擔憂是，新療法與醫療介入措施可能非常昂貴，只有最富有的人才能享有，不幸的人看來不會得到公平的分配。這表示那些已經比窮人長壽得多的富人，壽命可能會進一步增加。

梅隆等投資人堅稱，如果這些計畫的目的只是延長少數億萬富翁的生命，他們不會參與，也不想再加劇不平等。他們主張，如果老化能夠治癒，癌症、心臟病及其他所有相關疾病就都能治癒，為社會節省數兆美元的醫療保健成本。基本上，每個人都會是贏家。

戴明更進一步，對老年人、人類的長壽未來，以及長壽基金的目標做出坦率評估：「我們希望增加人生的全盛時期，增加個人貢獻的長度。」[26] 這種態度正是超高齡時代的基本關鍵。戴明相信，長壽科學是對抗年齡歧視的上策：「我們看到，不管從生理上還是妝容上，各種藥物及療法都可以改善人們的感受與外表。」

　　此刻阻礙我們前進的，或許就是找不到務實與效能兼具的優秀創業家，以及一個願意接納人口平均年齡高於過往的社會。

2 —— 人口的反烏托邦

第 **5** 章

認知與現實

我們對老年一直存有各種偏見與誤解，且隨著時間不斷強化。若不釐清，將錯失伴隨長壽與超高齡時代而來的真正機會。

　　實現超高齡紅利時代的挑戰，來自一般人對於老化與退休兩種普遍卻相反的印象：其一是一對經濟優渥、打扮體面、身強體健的老夫婦，在俱樂部打幾輪高爾夫球之後，與同樣闊綽的朋友見面，一起在露臺喝一杯；其二是一位彎腰駝背、身上掛著包包的老婦人，在垃圾堆裡翻找可以回收的瓶罐，或許還有別人吃剩丟掉的三明治。

　　兩種情況都是真實而無可否認的，不過也都是極端的主流觀點，阻礙我們理解老年人口豐富的多元性，也經常限縮我們想像超高齡時代的能力。

　　想要打進老年人口群體，一項重要能力就是擺脫先入為主的觀念，以及不符合現實的說法。《黃金女郎》和《天才老爹》等熱門電視劇，以及《少女 15、16 時》（*Sixteen Candles*）、《瘋狂聖誕假期》（*National Lampoon's Christmas Vacation*）和《魔繭》（*Cocoon*）等強檔電影所加深的誤解，根本不符合高齡人生的現實狀況。

　　從古至今，舒適的退休生活對多數人來說，都是難有把握的事，有些人甚至不相信有這回事。人生經歷本來就各有不同，晚年生活尤其如此，所以我們對老年人的偏見有根本上的錯誤。特別是認為老人退休不再工作，過著經濟無虞的生活這種想法，很早就在家庭、媒體與職場形成，並隨著時間不斷被強化。

　　這種形象已經位居主流且十分常見，如果在 Google 搜尋「退休」，出現在螢幕畫面是一對對微笑的富裕夫婦，大部分是白人，應該是來自佛羅里達州或地中海沿岸。這是經過設計的產物，是上世紀中期在麥迪遜大道某個會議室裡建構出來的理想典型，也就像美劇《廣告狂人》（*Mad Men*）裡的唐·德雷柏（Don Draper）所過的生活，然後歷經幾十年來不斷冷飯熱炒、重新再賣幾十遍，直到化為我們對老年人的核心觀點。然而，如果只用這個典範看事情，就會錯過伴隨長壽與超高齡時代而來的真正機會。

就像所有事物，「舒適、活躍的退休生活」這個概念早就被創造出來。在美國，退休生活的出現最早可以追溯到 1920 年代。在那個時期，有些社群為了照顧年長成員的生活，而在全國各地建立社區，像是兄弟會組織、工會和宗教團體等。這是源於 17 世紀的救濟院、安養院和護理之家等個人照顧機構的一次轉型。

直到上個世紀中期，才有一小群創新者意識到，除了青少年，還有一個全新群體正在形成氣候，那就是退休人士，於是向這些長輩推銷一種退休養老生活唾手可得、舒適自在的觀念。事實上，美國有高達 57% 的未退休人士，仍然相信自己有足夠的錢能在退休後過著舒適生活，比例接近歷史最高。

可是，這種退休觀念幾乎完全是根據一個過去的事實而來：當時的老年人比前幾代人擁有更多的可支配財富，而這又要歸功於優厚的國家年金計畫和企業退休金。此外，當時的老年人多數都是因為政府的強迫退休制度而離開職場，不然就是遇到公司縮減成本而被裁員，因此有許多空閒時間。

與年輕人市場的發展幾乎如出一轍，一群高瞻遠矚的先驅看準機會，從這群有錢又有閒的人身上獲利，建構了一幅理想化的退休願景，老人家可以不必工作，也無需擔心失去經濟保障或醫療照護，可以悠閒過活。他們創造了現代退休人士群像。

退休產業的先行者

　　關於退休和養老應該是何等光景，有三位退休養老產業的擘劃者對我們影響重大：一是以瑟・佩西・安德魯斯（Ethel Percy Andrus），她是全國退休教師協會（National Retired Teachers Association，NRTA）的創辦人暨執行董事，也是 AARP 的共同創辦人暨執行董事；二是李奧納・戴維斯（Leonard Davis），同為 AARP 的共同創辦人，也是殖民地賓州集團（Colonial Penn Group，CPG）的創辦人暨執行長，這是專門做 65 歲以上人口保險業務的先驅企業；三是人稱「戴爾」（Del）的戴爾伯特・尤金・韋伯（Delbert Eugene Webb），他是亞利桑那州太陽城的開發商，這是全世界第一個經規劃開發的退休養老社區。

　　1947 年，退休教育家、中學校長安德魯斯創立 NRTA。據說她有一次拜訪導師，發現對方生活一貧如洗，住在雞舍裡，於是起心動念創立一個退休教師社團。根據傳聞，這位導師被迫在救命醫藥、食物和居所等基本物質條件之間做取捨，最後選擇放棄適宜的居所。安德魯斯對此無法認同，於是創立一個老年人的維權組織，倡議大規模的政府支出計畫，例如社會安全和醫療保險。

1955 年，安德魯斯博士想為 NRTA 會員找一家保險公司承接特定年齡的保險，遇到在紐約州波基普西市擔任保險經紀人的戴維斯。他不但幫安德魯斯博士找到一家總部在芝加哥的保險公司，為她的會員承保，還在 1958 年出資五萬美元，贊助她創立 AARP。[1]

戴維斯後來創立 CPG，為 65 歲以上的人提供保險服務。CPG 主要就是因為與 AARP 在早期建立緊密的獨家業務關係，後來成為美國最大的承保公司之一。不過，這個業務關係後來因為稅務方面的問題而破裂。

AARP 開始向會員銷售許多客製化的產品和服務，範圍遠遠超出 CPG 的保險。如今，旅遊（包括航空、遊輪、鐵路、租車和旅館）、郵購藥品、信用卡、助聽器、手機、餐廳、電影及體重管理公司會員等各種折扣，都在它的服務範圍內，基本上提供退休人士的一切所需。

AARP 也順應時代精神，透過行銷與媒體通路（包括雜誌、通訊和報紙）提供資訊給老年族群，如今在美國的受眾涵蓋將近 3,600 萬人。這些媒體通路也回過頭來對合作夥伴及其他公司賣廣告，為 AARP 帶來更多收入。

戴維斯相信，經營退休人士市場是一門賺錢生意，事實證明他有先見之明，他的信念推動 AARP 成為今天實力如此雄厚的組織。AARP 要不是把銷售產品與服務當成營運模式，成就與影響力絕不會這麼長久。如今，AARP 大約有 3,800 萬名會員，每年營收將近 18 億美元。由於勢力與影響力驚人，它有「大金剛」的封號。

戴維斯的事業從保險業務員起家，根據《富比士》雜誌估計，他在 1980 年之前已經累積 2.3 億美元的個人財富，大約相當於今日的 7.5 億美元。[2] 他後來捐贈部分遺產，成立並資助南加州大學戴維斯老年學學院（USC Leonard Davis School of Gerontology），這是全美排名第一的老年學院，此外又在該學院設立安德魯斯高齡醫學中心（Ethel Percy Andrus Gerontology Center）。

AARP 成立幾年後，房地產開發商、紐約洋基隊棒球俱樂部共同所有人「戴爾」韋伯提出了一個大膽的願景：設計、建造與開設一種專門給退休成年人從事休閒娛樂活動的新社區。1960 年

1月，戴爾韋伯開發公司（Del Webb Development Corporation，
DEVCO）在亞利桑那州太陽城的新建社區開張，這是全世界第
一個規劃開發的退休養老社區。DEVCO 原本希望在前三年售出
1,700 間房屋，結果光是第一年就奇蹟似地售出 2,000 間。[3]

　　韋伯太陽城的成功多半要歸因於主打舒適、活躍的退休生
活，而它的成功帶動許多創新者跟進，在整個陽光帶建造、經
營類似的社區，包括佛羅里達州的村群市（The Villages）。這種
退休社區模式很快就傳遍世界各地，韋伯因此而聲名大噪，甚
至在 1962 年成為《時代》雜誌的封面人物，確立他在退休養老
市場深具遠見與變革精神的領導者地位。

　　把退休養老塑造成尋常可及的想法，主要是從中獲利的大
型組織所描繪的願景，這麼做的問題在於它顯然就是錯誤的想
像。舒適的退休生活只是一小群人的專屬品，而且這群人愈來
愈少，主要原因是企業退休金消失、國家退休金縮水，以及私
人儲蓄減少。然而，AARP 等組織經常不遺餘力宣傳高齡的正
向層面，彷彿這些故事就是常態。他們的宣傳描繪的主要是富
裕的人可以選擇如何變老，這根本是過度美好的景象。

　　這些組織沒有意識到，在世界上有些地方，變老不是好
事，而且從來都不是。他們也沒有體認到，老化對幾乎每一個

人來說，都會在身體、情緒和精神等各層面形成挑戰，就連有錢人也不例外。他們更是不曾彰顯一個事實：與年齡相關的退化與死亡，是人生的一部分。也許是因為願意接受這個事實的人並不多。

現在，隨著政府開始削減退休福利，加上企業取消優渥的確定給付退休金計畫，改為成本較低的確定提撥制，舒適的退休生活不再是保證。工作者展望退休之後的晚年生活，會看到十分類似 20 世紀實施社會福利計畫前的光景，這種新生活方式，幾乎總是包括持續工作的時間愈長愈好。

退休收入的責任與風險從政府和企業轉回到個人，這是超高齡時代的標誌。千禧世代和更年輕的世代，也許比 40 歲以上的人更理解這個現實，儘管頂著幾乎不曾停歇的金融逆風，仍在努力實現穩定、有保障的退休收入。將近四分之三的千禧世代正在為晚年生活儲蓄，比他們嬰兒潮世代的父母提早起步將近整整 10 年；超過三分之一的千禧世代相信自己會工作到 70 歲以上。

個人責任加重的同時，在人生早期解決社會與經濟的不平等，也愈來愈重要。儲蓄計畫可以預先處理不平等問題，有助於緩解一定程度的所得差距。要創造一個更平等的世界，了解歷史上邊緣群體的各種生活經驗至關重要，尤其是晚年。

通往長壽的不平等之路

多數人在晚年生活的地位，通常與出生時不會有太大不同。沒錯，向上流動和「美國夢」的機會還是有，然而在不平等的社會裡，向上流動要困難得多，而對於一向被邊緣化的群體來說，更是難上加難，例如 BIPOC（黑人、原住民、有色人種）、女性、LGBTQ+（女同性戀、男同性戀、雙性戀、跨性別者、酷兒和其他非順性別與非異性戀身分）。現實就是，一個在貧窮和壽命縮短的循環裡打轉的人，要實現舒適的退休生活難如登天，而這多半是由系統性與制度化的種族、性別及性取向偏見所造成。

然而，關於老年人擁有財富與成功的主流觀點仍然存在，我們似乎無法跳脫這樣的印象：老年人，尤其是老年白人，手握國家財富，享受舒適的生活。[4]但事實是 55 歲以上的人，有 29% 沒有任何退休儲蓄，而且大多數人的儲蓄都很低。[5]

「65 歲以上的美國人，有超過 1,500 萬人沒有任何經濟保障，生活所得只及或低於聯邦貧窮線 200% 的水準（2021 年的單身者為 25,760 美元）。」[6]他們要與不斷上漲的住屋成本和醫療保健費用、營養不良、交通運輸不足、儲蓄減少、社會補助刪減與失業等問題拚搏。對他們來說，為退休而儲蓄，以享受舒適的退休生活變得愈來愈困難，有時甚至不可能。至於剛好浮在貧窮線上的老年人，只要生活發生一次重大變故，樂觀的經濟前景就會立刻翻轉，落入絕望。

新冠病毒大流行的影響就是很好的例子。窮人（尤其是貧窮的有色人種）通常是在被認為「基層」的第一線與服務部門工作，而感染率和死亡率較高的正是這群勞工。這些職業都處於接觸頻繁、社交距離緊密的工作場所，從肉類包裝廠到雜貨店、賣場，再到餐廳和酒吧等。至於那些不是從事高風險工作的勞工，幾乎一定會因為產業在大疫期間嚴重萎縮或瓦解而被迫離開。低收入勞工只能冒著生命危險，從事最低工資的工作或打零工以求生存，不然就是被迫放棄工作，在所謂的 K 型復甦裡成為落後的一群。

「K 型」一詞是用來描述經濟復甦在經濟體不同部門、產業與群體之間的不平衡型態。有些產業強力反彈，例如科技業，有些從業人員的財務狀況甚至比經濟衰退前更好。但有些人的經濟處境仍然落後或難以重新站穩根基，像是旅遊業人員。在美國，排名前 630 名的億萬富翁，財富其實成長將近 5,000 億美元，而與此同時有 4,000 萬人失業。[7] 2020 年 5 月，美國最富有的 400 人的財富總和，相當於最貧窮的三分之二美國家庭的財富加總。

說得更直白一點，本書寫作之際，在我的第二故鄉華盛頓特區，白人擔任大部分的專業職，占大約一半人口，但新冠肺炎確診者只有兩成是白人。另一方面，人口占比大約也是一半的黑人，卻多數從事第一線工作，感染病毒的機率超過兩倍，而新冠死亡個案總數有超過 74% 是黑人。

那些一生都循規蹈矩、省吃儉用的人，在自己或家人生病，抑或是在經濟衰退中被就業市場淘汰時，生活突然天崩地裂。天價的醫療費用，加上所得來源消失，構成一場完美風暴，把許多安分守己的人摔出軌道。新冠肺炎大流行的破壞與眾不同，對 BIPOC 族群的傷害尤其嚴重。

目前悲劇的主要根源，在於自 1619 年第一批黑奴被帶到維吉尼亞州詹姆斯鎮以來，不斷累加到美國黑人的不平等。種族隔離與剝奪公民權所形成的遺患下，黑人更常從事「基層工作」，工資不超過國家規定的最低水準，也更常住在不合格、有時候是由國家經營的公共住宅，而這些社區通常位於所謂的「食物沙漠」，也就是缺乏價廉物美食物的地區。尤其黑人入獄的機率高於白人同儕，每服刑一年，預期壽命就減少兩年。種種這些都導致年輕黑人的死亡率高於白人同儕，使壽命差距（longevity gap，指平均預期壽命在群體之間的差異）不斷擴大。

黑人面臨如此嚴重的不平等，不只造成壽命差距，還拖累美國整體壽命的成長，並可能對國家經濟成長產生巨大的負面影響。貧窮白人與拉丁裔同儕所面臨的挑戰，也產生類似效應。史丹福大學的拉吉・切提（Raj Chetty）利用大數據剖析不平等現象，認為美國目前的壽命差距為 20 年，是自 1870 年代以來的最高水準，其中有11.5%的郡縣，年齡在研究期間（1980 年至 2014 年）為 25 至 45 歲的居民，死亡風險呈上升之勢，而他也預測這個數字未來還會擴大。[8]

在此之前的研究從來不曾出現這種差距，離 20 年也還差一大截，由此可能引發從經濟不穩定到政治不穩定等種種後果。這項研究描繪出各個族裔的整體平均壽命，極端情況比預期糟糕得多，進一步戳破「除了少數特例，大部分人都可以退休」的神話，更別說舒適的退休生活了。

個人壽命的縮短（尤其是有色人種），也可能對美國的經濟成長產生沉重打擊，特別是各種人口結構跡象都顯示，在 2045 年，也就是美國邁進超高齡時代大約 15 年後，少數族裔會成為主流人口。不平等程度呈指數成長可能會加劇這些挑戰，讓舒適的晚年生活對更多人來說變得遙不可及。

　　這個現象不是美國獨有，在國家之間、行政區之間的比較研究裡，壽命差距甚至更大。例如全球預期壽命最短的國家是查德，只有 50.6 歲，預期壽命最長的國家是摩納哥，為 89.4歲，兩者相差 38.8 歲。在美國，預期壽命最短的是奧克拉荷馬州史迪威（Stilwell）的 56.3 歲，預期壽命最長的是北卡羅來納州費靈頓村（Fearrington Village）的 97.5 歲，兩者相差 41.2 歲。以前述兩種情況來說，壽命最短者和最長者的差距，足足有兩代那麼驚人，這應該能夠說明不平等對於我們的社會、特別是經濟，是多麼棘手的問題。

　　預期壽命差距所隱含的意義是，費靈頓村民有更長的時間活在地球上，因此有更多機會創造財富，特別是在他們所得能力的高峰期（女性是 34 到 54 歲，男性是 45 到 64 歲），自然也有更多財富留給後代。壽命更長也表示有更多人能夠為家庭和社區提供非金錢的支持，例如帶小孩和當志工。費靈頓村民會變得更富有而高齡，而史迪威居民仍然擺脫不了貧窮與早逝。

　　紐約大學醫學院人口衛生系的研究人員，用城市健康儀表板（City Health Dashboard）的數據做研究，發現即使在同一個美國城市裡也有嚴重的壽命差距。根據他們 2019 年的分析，在芝加哥，白人且富人較多的社區與黑人且窮人較多的社區之間，預期壽命差距最大，是 30.1 歲。華盛頓特區和紐約市的情況也好不到哪裡去，分別是 27.5 歲和 27.4 歲。這些城市的種族隔離程度在全國也最為嚴重。[9]

這種不均現象可以歸因於非傳染疾病的劇增，如糖尿病與藥物濫用等，這些疾病的影響遍及所有種族與性別。然而，有愈來愈多證據顯示，預期壽命也受到經濟地位與機會的影響，也就是「健康的社會決定因素」（Social determinants of health），指的是人們出生、成長、生活、工作和年齡的條件，而且往往屬系統性因素，包括社會經濟地位、教育、鄰里和實體環境、就業與社會支援網，還有醫療保健的取得等。

因為種族因素而得不到機會的情況，會隨著時間變得愈來愈嚴重，可能造成當事人晚年的身體健康與經濟狀況陷入險境。

一致的線索是，長壽與財富互為因果，而財富又與醫療照護的取得、健康的行為密切相關，這兩者都與種族脫不了干係。在全球及美國，預期壽命最短的地區，人口幾乎全部由過去一直被邊緣化的群體組成：查德幾乎全部都是非洲人，史迪威市幾乎全部都是美洲原住民，兩地都是赤貧。另一方面，摩納哥與費靈頓村幾乎都是白人，而且極其富有。

這種不平等，使得窮人無論在比較優勢或競爭優勢上，都處於明顯劣勢，貧窮的 BIPOC 群體尤其如此。他們不但人生早早結束，還損失創造所得的黃金歲月，限制了所能傳給後代的財富數量。由於沒有能力透過世代相傳來累積家族財富，這群沒有福氣的人，以及有幸能夠長壽並安享安德魯斯、戴維斯與韋伯在上世紀中期所構思的活躍舒適的退休生活的那群人，兩者之間落差愈來愈大。

長壽因素男女有別

性別也對壽命有所影響，幾乎全球的順性別女性，無論地理位置或母國為何，壽命都比順性別男性長約六到八年。[10] 在美國，順性別亞洲女性壽命最長。然而在某些國家，例如俄羅斯，順性別女性的壽命可能比順性別男性同儕多達 10 年。這個差距大約在百年前就開始擴大，而且仍持續中。

不過有研究預測，由於個人行為改變等因素，例如男性減少抽菸和喝酒、改善飲食習慣、增加運動量等，壽命的性別差距未來在有些國家可能會縮小。

表面上，長壽對順性別女性來說似乎有正面意義，但其實並非如此，原因多半是社會尚未完全解決那些仍然揮之不去的性別歧視與父權心態。具體地說，女性如果就業，所得幾乎總是低於男性，工作生活也不均衡，要承擔幾乎所有的家事（如做飯、打掃等），還有照顧孩子和父母的責任。雖然許多已開發國家已努力縮小性別薪資差距，不過差距仍然存在，而且可能對許多女性長期經濟健全造成重大損害。

在美國等國家，順性別異性戀女性如果是家庭主婦並擔任照顧者角色，而不是從事有所得的工作，要承受雙重懲罰：不但一生都得不到財務自由，晚年的財務保障也與婚姻狀況、丈夫的經濟成就密切相關。制度就是這樣設計。事實證明，找一個丈夫是糟糕的退休政策。

就連社會安全福利制度這張美國退休安全網，政策也充滿性別歧視。這些歧視的政策是否是刻意為之，尚有辯論空間。不過，這項 1930 年代設立的制度，立法者大多是順性別白人男性，而且 1935 年的原版法案只適用於勞工，而勞工幾乎都是順性別男性。

但是 1939 年的修正案增加了順性別女性的福利，因為修法的著眼點是當時被視為「傳統」的美國家庭：順性別異性戀男性是「養家」者或主要收入者，順性別異性戀女性是家庭主婦。例如，順性別女性必須結婚至少 10 年才有資格享受配偶的福利，而那些與離婚和死亡相關的無數規定，連最資深的精算師都會被搞糊塗。

如今，女性即使不必依賴男性而享有退休保障，所領取的社會安全福利平均水準也只有男性的 80%。這是因為女性所得仍然低於男性，大約只有男性的 82%。因此，這套制度的規定雖然號稱性別中立，仍然是從根本上就存在性別歧視。

總而言之，女性無論是順性別異性戀或女同性戀，都是壽命長而經濟資源少，因而面臨晚年經濟沒有保障的重大風險。在像是美國這樣的國家，這表示貧困老人有三分之二是女性，或是 65 歲以上的女性大約有 16% 處於貧困狀態。

BIPOC 女性落入貧困的可能性，是白人女性的兩倍以上。美國有將近一半的雙性戀與跨性別老年女性，所得低於聯邦貧窮線的 200%。[11] 這項統計數據確實讓人憂心，因為這表示以收入保障而言，她們是受傷最重的群體。如果把地理位置（農村或城市）也納入考量，這些差距更是雪上加霜。唯一在經濟上優於所有群體（包括順性別異性戀白人男性）的是順性別白人男同性戀。

美國國家婦女法律中心（National Women's Law Center）的

數據，更進一步突顯生命歷程在種族與性別上的差異。新冠肺炎疫情爆發前，美國黑人女性與白人男性的所得比為 0.62：1，也就是白人男性每賺一美元，黑人女性只賺 62 美分。[12] 這表示一般黑人女性每年必須額外工作八個月，才能跟上白人男性的所得水準。這根本是不可能的事。此外，黑人女性在 2020 年經濟衰退期間，所遭受的打擊尤其沉重。凡此種種，導致工作生活 40 年的所得差距高達 94 萬 1,600 美元，而這還是在疫情重創許多低所得個人的工作之前的情況。[13]

活得更長，也得工作更久

如今，生活在貧窮線以下的美國老年女性有 461 萬 8,400 人，只比愛爾蘭總人口略少一些。如果美國老年人口目前的成長趨勢不變，預計在 2030 年邁入超高齡時代之際，就會有 7,310 萬名老年人。[14] 假如美國不採取任何措施，解決導致晚年收入無保障的問題，其他條件不變下，到了 2030 年，生活在貧窮線或以下的老年女性人數會增加為將近原來的三倍，達到約 1,169 萬 6,000 人，其中有 872 萬 2,000 人生活在貧窮線或以下。[15]

對於一個經濟體來說，大量人口失業、就業不足，或是生活在貧窮線以下，絕對不是好現象，更別說這些人數預期只會有增無減。最起碼，這種趨勢顯示經濟體裡有閒置產能且運作無效率。

最嚴重來說，大量人口生活在貧窮線或貧窮線以下，無法多買商品，進而造成支出減少、產出減少，整體經濟成長也將變得遲緩。就像所有事物，這種現象也有乘數效應，若不採取行動，打造更多元共融的經濟體，挑戰將會隨著時間擴大。

根據金融健康網絡（Financial Health Network）的資料顯示，自認財務狀況良好的美國人只有 29%（7,300 萬人），沒有適足退休保障的人數多到堪憂。[16] 根據西北合作社（Northwestern Mutual）的數據，有高達 22% 的美國人退休儲蓄不到 5,000 美元，5% 介於 5,000 美元到 2 萬 4,999 美元，只有 16% 是 20 萬美元或更多；46% 的人不知道他們存了多少錢。[17] 根據泛美退休研究中心（Transamerica Center for Retirement Studies）2019 年的報告，美國嬰兒潮世代的人均儲蓄為 15 萬 2,000 美元，只有 40% 的嬰兒潮世代儲蓄超過 25 萬美元。[18]

然而退休專家表示，大多數美國人需要 100 萬至 150 萬美元的退休儲蓄才能安然退休。這個數字有許多不同的計算方法，不過一條普遍認可的通則是，假設退休頭 10 年的支出至少是正常年所得的 70% 到 80%，儘管那樣可能還是太少。

根據社會安全局的資料，今天 65 歲的男性平均可以活到 83 歲，女性平均可以活到 86 歲。[19] 但至少有一半的人會活得更長，而且是長得多。如果人類的壽命在走出這場大疫的黑暗時期之後繼續延長（我預期會），那麼今天出生的孩子，將可以活到超過 100 歲。

在這一切所塑造出來的世界裡，為退休做規劃變成徒勞之舉。當今的孩子在未來準備退出職場時，就算上個世紀中葉的退休觀念仍殘存（但有鑑於社經趨勢，我不認為它還會在），退休年齡可能要到遠遠超過當前的預期平均壽命。美國在全球疫疾大流行前是 78.7 歲，在 2020 年降為 77.3 歲。

熱衷為舒適的退休生活預做規劃和設立保障的人，往往會低估自身預期壽命的潛力，並且難以預估相關成本。雖然有頂尖金融機構、主要非營利組織與政府，提供許多免費的退休計算工具，但是這種情況還是有可能發生。這些計算工具通常掩蓋了一個事實，那就是有幸能夠規劃退休的人，更可能活得比平均壽命還要長。此外，這些工具也未能顯示壽命隨著健康行為的調整而具備的可塑性。事實上，死亡率在 80 歲之後開始下降，並在 105 歲之後開始持平。對於富裕人口來說，活到 80 歲不再遙不可及；這已經成為常態。

以我來說，我是個生活在美國、相對健康的中年白人男性，根據我目前的行為，從統計上看可能會活到 80 幾歲，而且有超過 50% 的機會看到哈雷彗星下一次在 2061 年飛過。特別提一下，這比我在 1977 年出生時的平均餘命還要多出 13 年。

如果我從現在起改善飲食，養成持續運動習慣，加上所有社會與科學的進步，我的壽命應該可以延長多達 10 年。然而，這項預測還沒有把一件事納入考量：要是前面所討論的那些已經上路的科學進展有了成果，結果會怎麼樣？就像我這一代的許多人，我可能會發現自己壽命更長、活得更健康，但是經濟狀況也更糟，因為財務預測沒有把這些科學進步納入考量。我可能會趕上一波「長壽海嘯」，把我推上長壽人生的浪頭，但同時也可能被經濟壓力擊垮。

這個難題不是美國獨有，全球各地的預期壽命都在增加。國民退休金計畫較為健全的國家已經警示，這些福利無法長久，提高退休年齡或縮減福利勢在必行。無論如何，活在超高齡時代的我們，有更多人必須比前幾代人工作更長時間。

延後退休的三重利益

大多數與我同齡，甚至更年輕的工作者都非常清楚，等到我們 65 歲，父母、祖父母，甚至曾祖父母所能享受的那種退休生活將不復存在，老一輩的人也開始意識到這個現實。不只是數據明白警示許多人過不起退休生活，美國有許多成年人，都經歷了兩次可怕的經濟衰退（2008 年與 2020 年）。這兩次衰退都造成退休儲蓄、就業機會和所得年數的流失，因此有愈來愈多人在退休後還是需要工作，以維持生活。

即使是儲蓄適足、沒有受到經濟打擊影響的人，也會選擇延長工作年限，以便在社會上保持活躍、與時俱進，維持經濟生產力，由此而增加的經濟優勢更不在話下，像是賺更多錢可以花、延遲消耗退休儲蓄。另一方面，有些人是真的熱愛工作，「為工作而生活，還是為生活而工作」這個兩難困境，因為前述兩個現實的滙聚而有了新的意義。

世界各地有好幾百萬已超過傳統退休年齡卻仍在工作的人，讓我們看到了工作年限更長的未來。在新冠疫情之前的美國，65 歲、75 歲，甚至 85 歲以上的工作者數量，就已是 2008 年經濟大衰退之前的兩倍。根據美國勞工統計局（Bureau of Labor Statistics）2018 年的資料，這個勞動力群體預計到 2030 年至少會成長 50%。說來令人難以置信，在這次疫情大流行之前，美國正規勞動市場 85 歲及以上的工作者，就有超過 25 萬

5,000 名。雖然 85 歲以上的工作者還是相對為少,也不一定隱藏或僅限於某些種族或地區,但通常從事體能負擔較低的工作。[20]

這個群體有愈來愈多年長者選擇自願離職,不然就是因為被裁員而成為創業家、小企業主和接案工作者。幾乎各行各業都有這群人的身影,不過有些行業可能會讓你意外。

2018 年,西北大學凱洛管理學院發布《年齡與高成長創業報告》(*Age and High-Growth Entrepreneurship*),研究發現,成長最快的科技新創事業創辦人平均年齡為 45 歲。更重要的是,50 歲創業家取得非凡成就的可能性,是 30 歲創業家的兩倍。[21]

摩根大通研究所在 2019 年的一份報告顯示,年長者創辦小型企業的成功率也是如此。60 歲創業家的公司在第一年倒閉的機率為 8.2%,相較之下,30 歲創辦人是 11.1%,45 歲創辦人是 9.6%。在金屬與機械、高科技製造、房地產與醫療保健服務等產業,年長者在小型企業主的占比最高,分別是 47%、43%、41% 和 40%。[22]

事實證明,零工經濟也是高齡工作者的沃土。人稱「共乘專家」的哈利‧坎貝爾(Harry Campbell)在 2019 年有項調查指出,美國 54% 的 Uber 司機年齡超過 50 歲,大約四分之一的司機年齡在 61 歲或以上。日本 2018 年計程車司機的平均年齡為 59.9 歲，韓國計程車司機有 37% 在 65 歲以上，年齡最大的是 93 歲。[23]

全球還有無數人延長工作年限，他們安靜、勤奮、樸實，在小販中心和夜市擺攤，或是從事管家與門房、雜貨店店員和裝袋人員、場館管理與幫傭、接待人員與客服代表等工作。或許有些人會認為這些是低技能、不起眼的工作，但這些工作能讓社會維持運作，而且從事這些工作的老年人逐年增加。

這些例子預示著超高齡時代的新常態：在這個時代，你我生活、學習和賺錢的時間都比前幾代人要長得多。我們會保持活躍消費者的身分較久，而非今日企業與國家退休金的被動接受者。晚年繼續工作不只是為了三餐溫飽、有棲身之所，也能讓我們在延長的時間裡保持身心健康，因此延長經濟生產年限將能得到三重利益，包括增加稅收、擴大消費群、減少負面健康事件和成本。

無論是出於自願選擇，或是不利退休的新現實環境與超高齡時代使然，這些年屆傳統退休年齡之後仍繼續工作的個人，都是潮流下的先驅。

第6章

年齡歧視的包袱

> 年齡歧視在勞動市場與整體社會擴散蔓延，每個人都
> 有責任。公部門、私部門必須雙管齊下，採取更多行
> 動來對抗。

巨變時期需要大家同心協力解決問題，超高齡時代也不例外。在轉變之始與整個過程中，以追求世代多元、確保每個人都有立足點的前景，來凝聚幾個世代的人。

青銀聯盟現在或許看似徒勞，或是不切實際的構想，但那純粹因為世代衝突一直是上個世紀社會和經濟的核心議題。現在正是改變的時候，不只因為年齡歧視會對年輕人與老年人的潛力產生負面影響，也因為老化與長壽議題往往與其他社會、經濟的正義議題有所交集。

年輕人通常被視為社會、經濟與種族正義運動的先鋒，為他們的世代反對現狀，要求變革。他們借用非裔美國人常說的「保持清醒」（Stay woke，意指持續覺察問題），把自己的「覺醒」（wokeness）當成榮譽徽章；經常舉行公開抗議活動，向他們眼中的老年政權（也就是國家由老人統治）表達不滿或變革想法。

在「黑人的命也是命」（Black Lives Matter）抗議活動期間，美國國會議員的平均年齡將近 58 歲，參議員將近 63 歲，至於當時的川普總統則是 74 歲。[1] 難怪年輕人不相信他們的聲音有被聽到，尤其 2020 年的全國平均年齡是 38.2 歲。

根據 Mobilewalla 的行動數據分析顯示，在 2020 年亞特蘭大、洛杉磯、明尼亞波利市和紐約的「黑人的命也是命」抗議活動中，年齡在 18 至 34 歲的抗議者約占三分之二。[2] 然而，即使在疫情的健康風險籠罩下，占比第二高的是 55 歲以上的抗議者，從洛杉磯的 20%、亞特蘭大的 23%、明尼亞波利市的 23% 到紐約市的 24% 不等。年齡 35 歲至 54 歲的抗議者占整體比例不到 10%。這些城市的年輕人和老年人因而成為街頭最活躍的聲音。[3]

在當時多少顯得有些不尋常的青銀聯盟證明，認為這些群體沒有相容價值觀的傳統觀念已經過時。「世代之間找不到交集、無法有凝聚力」的想法，根本就是錯誤的，尤其是因應社會一些最具挑戰性的問題時。多世代聯盟不只是「黑人的命也是命」運動的一股重要力量，在 2020 年美國總統選舉中也發揮重大作用，更是拜登勝選的有力因素：大量年輕人現身投票，而且有些年長選民不再支持川普。美國大多數公民都表態相信一個更團結、更公平的未來願景，而不是煽動分裂與恐懼。

歧視不分年齡世代

年齡是身分的重要元素，我們對自己是誰的描述，除了性別、種族、職業、國籍和出身地之外，通常還包括年齡或世代。有人把年齡列入人權運動，還有社會、經濟與種族正義運動的內涵。事實上，聯合國早在 1948 年就一直在討論與老年人權利相關的年齡議題（先把話說破，聯合國至今尚未通過具有約束力的《老年人權利公約》）。[4]

年齡歧視是指，僅因年齡因素而對他人有違反人權法規的不平等待遇；儘管受到重視的程度通常不如其他形式的歧視，但仍可能產生相同的經濟、社會與心理影響。

在權利的對話中，年齡很多時候都是事後才想到的層面，也許是因為年齡只被視為是部分人（老年人）的障礙，而且人們普遍認為年齡歧視只針對社會最年長的成員。年齡歧視常常表現在暗示健忘是年老標誌的輕慢評論裡，或是以抗齡、高姿態或幼稚化的言語作為行銷訴求的產品，以及老年人落伍或技能不足的假設，抑或是一種單純對年輕人的偏愛。

可是，年齡歧視可能導致當事人失業、貸款被拒、在零售店或餐廳得到的服務品質下降、被排除在臨床試驗之外，甚至醫療照護專業人員給予較差的待遇。近年來，這個名詞變得更具可塑性，可能還會包括年輕人等其他年齡層，這並不是老年人維權組織樂見之事。

年輕人也有遭遇年齡歧視的可能。我們不該因為最嚴重的年齡歧視發生在晚年，就忽視年輕人遭遇年齡偏見的經驗，也不該假設年輕人遭遇的年齡歧視就不會產生負面後果。這兩個群體遭遇的年齡歧視，最顯著的交集就是在工作場所。

發表在 2006 年《人力資源管理期刊》（*Human Resource Management Journal*）的一項研究發現，因為「太年輕」的歧視，普遍程度不亞於「太老」。[5] 這種偏見不但不利工作者的身心健康，也有損工作成果的品質。

對於年輕人來說，尤其是年輕員工，在工作場所遭到言語貶低或羞辱的情況並不罕見，通常表現在主管特別把矛頭對準年輕人，或是把他們的經驗不足歸咎於年齡，又或是把年輕人稱為「小伙子」或「小子」，或是在別人面前用「新來的底迪」、「新來的美眉」稱呼他們。有年齡歧視的雇主可能不願意僱用 30 歲以下的員工，認定他們難以預測、不會做事，或者就是不願意幫助年輕人獲得成長所需的經驗和技能。雇主也會利用實習計畫，把年輕人當免費或廉價勞工，而實習經驗又是許多專業工作要求的條件。

至於我，身為年輕的專業人士，年齡歧視出現在一個頗為奇特的時刻，而這種經歷對大多數工作者來說並不少見。我 30 歲出頭、在 AARP 任職的某段期間，致力於研擬策略，讓組織製作更普及、親善而易懂的數位內容。我建議每星期製作短片，分享全球在老化領域的創新，透過 YouTube 或其他社群媒體管道對國內和國際受眾傳播。

主事的內部製作人並不排斥這項提案，事實上，他還很喜歡。但是，他在會議結束時說的話至今令我難忘：「小老弟，要不是你這麼年輕，你會是這部影片很棒的主持人。」意思是無論我的構想或執行策略有多好，我都不能登上枱面，這個角色會由年齡更大、更「有 AARP 味道」、看起來像退休人士的人擔任，無論他的技能或才華如何。就在那時，我第一次嚐到年齡歧視的滋味，並意識到羞辱對任何人來說都是真實的傷害，無論當事人屬於哪個年齡或世代。

視高齡勞工為資產，而非負債

根據 2020 年《老年醫學雜誌》（*Journals of Gerontology*）的研究〈忽視與淡化：老中青三代人的年齡歧視經驗〉（Overlooked and Underestimated: Experiences of Ageism in Young, Middle-Aged, and Older Adults），年輕受訪者表示，在工作場所經歷年齡歧視時，主要加害者是同事。中老年受訪者也表示，曾在工作場所遭受年齡歧視，但也經常在零售場所尋找產品或服務時受到年齡歧視。[6]

對於中老年人來說，年齡歧視的加害者類型較為多樣。無論一個人的年齡為何，歧視的表現形式幾乎總是「缺乏尊重」或「不正確的假設」。具體情節可能是被認為過時或落伍，或是先入為主地被指控缺乏技能，尤其是科技方面的技能。

若要說對老年人的折辱，以及現代年齡歧視的顯著例子，莫過於新冠肺炎大流行期間。無論我們承認與否，社會都把老年人（尤其是最脆弱的老年人）視為可有可無或是可以捨棄的一群。包括德州副州長丹・帕特里克（Dan Patrick）在內的部分政界人士建議，為了重振經濟，老年人應該「自願去死」。[7]此舉不只助長年齡歧視，也助長一種以年齡為據的可怕演化論，同時讓許多人受到矇蔽而忽視疾病的真相，也就是比起年齡，原本患有的慢性病是更重要的致死因素。隨著年輕人感染、住院及死亡的人數不斷增加，美國正在自食其果。

雖然從統計上看，老年人罹患新冠肺炎的死亡率較高是事實，但是認為可以犧牲老年人的主張，根本沒有任何道德理據。不管老人家會不會死，都要讓經濟運轉──美國和世界各地領導者的這種態度，讓人們對這種疾病的因應變得鬆懈。這麼做所付出的最高代價，就是賠上數十萬人的生命（有老有少），以及造成數千名「長新冠患者」，也就是因為疾病的影響而受苦長達數星期、數月或更長時間的人。

與 1918 年主要影響年輕人的西班牙流感不同，新冠肺炎一開始被認為只會影響老年人；美國最初的死亡個案有 80% 是 65歲以上的人。[8]這項統計數據讓許多人產生一種錯誤的安全感，而沒有去關注更好的感染與死亡預測指標，包括各種原本患有的慢性病，如肥胖、糖尿病及心臟病等。

凱瑟家族基金會（Kaiser Family Foundation）發現，雖然 65

歲以上人口的死亡人數占比偏高，但療養院的死亡人數又要更多，死亡總人數有 40% 都與這些機構有關聯。[9] 這個統計數據特別駭人，因為療養院的居住者已經是被社會忽視的一群。大部分人都是因為再也無法自理，也無力負擔居家照護服務費用，最後才被送進這些機構。

　　儘管幾乎所有關於新冠肺炎死亡率的報告，都採用 65 歲及以上的統計數據，但是所有死亡案例中大約有 60% 是 75 歲以上的群體，而且整整三分之一是 85 歲以上的人。65 歲至 74 歲的人占所有死亡人數的 21%，而 64 歲以下的人是 20%。前文討論到的許多延長預期壽命的科學研究，也致力於縮小總預期壽命與健康預期壽命之間的差距。未來的希望是，這些研究進展不只針對新冠肺炎，在其他老年人死亡率偏高的疾病上，例如流感，都能縮小死亡率差距。

　　除了因新冠肺炎和其他疾病的年齡歧視，老年人在工作場所也會遇到年齡歧視的羞辱。根據 AARP 一份 2018 年的報告，美國每五名工作者就有一名年齡超過 55 歲，預計這個數字在超高齡時代會大幅增加。在這些工作者中，將近 65% 表示曾在職場遭受年齡歧視，多數（58%）相信年齡歧視從 50 歲左右開始。這份報告排除年輕工作者。[10]

老年人要保住工作也很辛苦，而年齡歧視是主因。勞動力的年齡歧視，是人失去工作之後找不到同等工作，或根本找不到工作的主要原因。非營利網路媒體 ProPublica 與城市研究所（Urban Institute）在 2016 年的一項研究發現，「56% 的老年工作者至少被解僱過一次，或在經濟遭受損失的情況下離職，很可能是被強迫而非自願。」[11] 找到新工作的，只有一成的人所得水準和失業之前相同，其餘九成都是大幅減薪。

嬰兒潮世代經常被視為「朽木」，已經有無數人被企業拋棄。即使是 X 世代，現在的年紀也已經夠老，履歷可能直接被跳過，職位岌岌可危，而千禧世代（其中有些人已經邁入 40 大關）可能是下一波。通常，員工參與及福利政策會強化這一點，因為那些政策完全是以年輕員工為出發點擬定的，焦點放在「我們要怎麼樣才能在未來五到十年留住你？」至於「我們要怎麼樣才能讓你在這裡最後的五到十年發揮得淋漓盡致？」則沒有太多著墨。

我在為美國人力資源管理協會（Society for Human Resource Management）撰寫的文章中指出，年長工作者——尤其是在公共部門的年長工作者，任職時間往往比年輕工作者長，這表示他們有成為重要資產的潛力，但可能需要持續接受教育。公共部門創新專家、暢銷書《巔峰績效：丹佛巔峰學院如何節省資金、提高士氣，還可能改變世界》（*Peak Performance: How Denver's Peak Academy Is Saving Money, Boosting Morale and Just Maybe Changing the World*）共同作者布萊恩・艾姆斯（Brian Elms）是我的好友兼同事，他說得最好：「員工就像基礎建設資產，需要持續養護和投資。當我們重新起用組織最雄厚的資產、也就是我們的員工時，就能引爆整體人力的創意和創新。」[12]

我們對老年人、尤其對老年女性的偏見，表現最為明顯的莫過於在娛樂圈，老年藝人要登上銀幕往往困難異常。根據一份 2019 年的報告〈1,200 部熱門電影裡的不平等：檢視 2007 至 2018 年的性別、人種／民族、LGBTQ 和身心障礙的圖像〉（Inequality in 1,200 Popular Films: Examining Portrayals of Gender, Race/Ethnicity, LGBTQ & Disability from 2007 to 2018），南加大傳播學院的研究人員發現，2018 年的 100 部熱門電影在院線上映時，只有 11 部的女主角或女配角是 45 歲以上。[13] 這個數字雖然已經是 2017 年的兩倍多（五部），但相較於 2018 年男主角或男配角為 45 歲以上的影片數量（24 部），卻連一半都不到。

在 2018 年的 100 部熱門電影中，只有四部是由 45 歲以上的有色人種女性擔任主角或配角。2021 年出現一個亮點，四個奧斯卡獎項有三項是由刻畫老年人角色的年長演員贏得，包括《游牧之地》的法蘭西絲・麥朵曼（Frances McDormand）、《父親》的安東尼・霍普金斯，以及《夢想之地》中的尹汝貞。無論如何，電影和電視缺乏年長角色，在潛意識中強化人在過了某個年齡就會消失的感覺。

確實，老年人遭遇的年齡偏見最為明顯，而且絕大多數要到晚年才會經歷年齡歧視最負面的影響。這多半是因為年齡不同於其他明顯特徵，沒有人生來就是老人。老化不同於性取向、性別或種族，它會隨著歲月悄然降臨，而特別令人難受是因為很多人的感知年齡與實際年齡有落差，通常是 10 到 15 年，旁人看我們是幾歲又會加重那種不適感。

我們都對老年人有年齡歧視，而這種偏見的進程一般總是從一個「無傷大雅」的笑話開始。年輕人經常因為老年人過時的行為或打扮而貶低老年人，人到中年則在自己忘東忘西時自嘲「老年痴呆上身」，然後晚年在外界嘲弄或者更糟糕的漠視中走完人生。幾乎不管怎麼看，我們年輕時都在與未來那個年長的自己對賭，而在最老時付出最高的代價。

老年人經常必須忍受常見、普遍、默許的負面幽默及偏見，年輕人嘲笑老人幾乎總是樂此不疲。因此，在此要向讀者提出一個挑戰，能否有整整一天不要用年齡歧視打擊自己，不要因年齡歧視笑話而發笑，也不對比你年長（或年輕）的人發表帶有年齡歧視的批判。

社經成本代價龐大

年齡歧視無所不在，出現在朋友和家人、熟人、同事，以及流行媒體、新聞媒體日常的輕微冒犯裡，也表現在產品和服務設計、公共政策、勞動市場與工作職場、行銷與傳播、醫療保健政策上。在 #MeToo（我也是）、#LoveWins（真愛無敵）和 #BlackLivesMatter（黑人的命也是命）時代，個人就算對這些運動不能同理，對於別人面臨的挑戰與偏見也已經發展出敏銳的雷達，但年齡歧視仍然是公然默許的偏見。我們不在乎那些比我們年長的人。

這可能是個人內化、社會化，也可能是系統性和制度化的偏見，不但加劇不平等，也放大老化對人體健康的負面影響，還可能導致失業和壽命縮短，而這些種種都會再回過頭來，對世界上幾乎每個國家整體社會和經濟造成負擔。目前這種基於年齡的有害偏見如果不改，可能會對社會繁榮與經濟體系造成嚴重破壞。

根據 2007 年發表在《老年醫學雜誌》的一項研究，相較於有目標的老年人，那些感覺自己沒有用的老年人，患有身心障礙的機率是三倍多，早逝的機率是四倍多。[14] 被公司裁員的人，健康狀況不佳的可能性會更高，直接影響未來壽命。在此要感謝耶魯大學流行病學家貝卡‧雷維（Becca Levy）和她的同事們的努力，我們現在有數據可以證明，老年歧視會造成龐大的社會與經濟成本。

　　在 2018 年的一項研究（2020 年進行追蹤研究），雷維博士和她的團隊發現，光是在美國，對老年人年齡歧視所導致的各種健康問題，一年就造成 630 億美元的超額成本。[15] 有證據顯示，年齡歧視會導致心理健康狀況惡化，包括憂鬱症，還有各種身體健康狀況，以及壽命縮減。老年人也不太可能接受必要的醫療，而即使真的接受治療，持續時間、頻率和療效都會受到負面影響。她的研究顯示，年齡歧視對老年人的影響不分年齡、性別或種族。

　　年齡歧視的 630 億美元超額成本，相當於美國 60 歲以上人口每年花在八種最昂貴疾症上的費用，每七美元就有一美元是年齡歧視造成的，這八種昂貴疾症包括心血管疾病、精神障礙與慢性呼吸道疾病。想想這其中的諷刺之處，年齡歧視造成全球數百萬人生病，卻又阻礙醫師與其他衛生專業人員給予身受年齡歧視的老年人適當照顧，結果形成惡性循環。而為這個成本高昂、遲早出事的循環付出代價的，正是同一個抱持這種極具殺傷力的偏見的社會。

雷維博士完成這項具有里程碑意義的研究之後，世界衛生組織延請她主持一項全球分析，這項工作隸屬於一個得到全球194個國家支持的打擊年齡歧視運動。研究結果在 2020 年發布，是針對年齡歧視對健康影響至今規模最大的研究。有證據顯示，年齡歧視對五大洲、45 個國家的老年人造成健康損害。這項研究全面檢視全球涵蓋 700 多萬名參與者的 422 項研究，以此作為分析的基礎。那些研究當中，96% 有證據顯示年齡歧視對老年人產生不利影響。[16]

世界衛生組織進一步得出結論，年齡歧視會造成心血管壓力升高、自我效能（self-efficacy）水準降低，以及生產力下降。年齡歧視也會對精神與身體健康造成影響，包括生存意願下降、實行健康生活方式的意願降低、疾病復元速度減緩、壓力增加，以及壽命縮短。對老化抱持負面態度的成年人，壽命最後可能會縮短 7.5 年。好消息是，如果社會開始對抗年齡歧視，前述種種狀況可能逆轉，產生正面的健康結果，起碼減少負面的健康結果。社會上老年人口會更變得健康，而不像現在這樣多病。

　　美國心理學會（American Psychological Association，AAA）認同這種觀點，認為年齡歧視是嚴肅的問題，應該像處理性別、種族和身心障礙等歧視議題那樣嚴正看待，但絕對不應該當成同一件事。AAA 指出，提高公眾對年齡歧視問題的意識，有助於減輕部分負面影響，但這其實只是起步。隨著超高齡時代老年人口持續增加，如何找到方法把對年輕人與老年人的年齡歧視降到最低或完全消除，會變得日益重要。[17]

　　職場年齡歧視所帶來的損失，甚至高於不斷高漲的醫療保健支出。根據專業諮詢機構普華永道（PwC）2018 年的報告〈PwC 黃金年齡指數：開發延長工作年限的 3.5 兆美元紅利〉（PwC Golden Age Index: Unlocking a Potential $3.5 Trillion Prize from Longer Working Lives）指出，如果 OECD 國家採行在年齡上更多元共融的政策，而非沿用傳統做法，也就是只因為員工年老就裁撤，就有可能在經濟上實現 3.5 兆美元的成長。[18] 改弦更張的措施，甚至可以簡單到像是在召募資訊中放進鼓勵所有年齡層應徵的文字，避免使用「數位原生」等通用語，並在召募過程不再要求應徵者提供出生和大學畢業年份等資訊。

另外，政策上也可以鼓勵雇主與員工建立年齡多元共融的團隊，或是制定具彈性的工作選擇，像是遠距工作、工作分攤、分階段的到職訓練或退休，還有兼職工作，作為人才管理策略的一部分。

年齡歧視在勞動市場與整體社會的擴散蔓延，幾乎每個人都有責任。我們必須在公部門和私部門雙管齊下，採取更多行動來對抗無所不在的年齡歧視，很多時候需要從解決內化的歧視開始。然而，就像其他形式的歧視，年齡歧視的最大障礙，就是它在過去，甚至直到現在，都還是被國家默許，因此打擊年齡偏見的第一線戰場，必然是各國的立法殿堂。

公共政策可以怎麼做

對邊緣群體在文化上的接納，幾乎總是落後於公共政策，而公共政策又幾乎總是落後於企業創新。在人口擴張與公共政策鼓勵淘汰年長勞工的時期，這種進程看似完美，但如今這種政策就會阻礙未來成長。

大多數司法管轄區已經取消了給薪工作的法定退休年齡規定。不過，在日本、韓國等地，雇主可以只根據年齡強迫退休，有些情況可以低至 55 歲。此類制度的後果之一，就是形成雙重結構的勞動市場，人們退休之後重新從事技術含量可能較低、幾乎總是低薪的工作，人力資本也因此遭受重大損失。

這些政策的制定，最初是要為年輕勞工打開勞動市場。然而我們現在理解，強制退休年齡政策在為年輕人創造就業機會方面，助益並沒有當初以為的那麼大，反而會削弱高齡工作者在社會作為有生產力的成員、在勞動市場維持自身價值的能力。

不只是日本與韓國，包括亞洲開發銀行、OECD、聯合國、世界銀行在內的組織，都強制規定員工在 65 歲之前退休。當然，有談判籌碼能協議多留任幾年的高階長官除外。雖然年齡與工作能力無關，包括美國在內的許多國家對某些職業仍有年齡限制，例如飛行員和警察。

包括美國在內的一些國家已採取行動，立法禁止大多數職業的年齡歧視。1967 年的《就業年齡歧視法》（Age Discrimination in Employment Act）是全世界第一部反年齡歧視的法律，在僱用條件、環境或福利方面保護 40 歲以上的員工，包括任用、解僱、晉升與調職、裁員、薪資、福利、工作分配與培訓。實務上，這表示雇主不能在召募啟事和資料裡說優先考慮某個年齡的應徵者，不能設定訓練計畫的年齡限制，不能報復年齡歧視申訴者或協助政府調查的人，也不能強迫員工在某個年齡退休，除了前述少數例外情況。

　　年齡歧視的例子包括，顯現偏好召募年輕工作者，或是在裁員、組織重組期間留任年輕員工，而非年長員工——即使此舉可能並無針對性，完全是根據經驗豐富的年長員工與經驗不足的年輕員工之間的成本比較。

　　無論如何，組織在裁員規劃時都應該考慮專業知識（與機構知識）的損失，也應該考慮讓年齡較大、成本較高的工作者可以選擇工作分攤或是過渡到分階段退休，這種安排能讓老年工作者在減少工作量下繼續工作，逐漸從全職工作過渡到完全退休。過去 10 年間此類計畫逐漸增加，證明這種選擇對雇主與員工雙方可能都有價值。對許多雇主來說，隨著超高齡時代來臨，傳統勞動年齡人口開始減少，這類計畫也勢在必行，彈性工作安排將成為主流。

　　組織對年長員工的歧視，還可能表現在給年輕員工提供更佳的就業條款和環境，好的工作選擇只給年輕員工，年長員工不納入新訓練計畫，或是在訂定此類計畫時完全不被考慮。職場通常側重於切合工作需要的技能訓練，例如職場文化或組織流程課程，年長員工或許已經具備這些技能，不過還是能受益於其他領域技能的提升，例如科技或通訊，而這些領域的職缺或晉升不一定會考慮他們，年長員工因此落後於年輕同儕，在職場相對處於劣勢。

　　儘管有法律規定，但是 AARP 在 2018 年的一項調查發現，年齡介於 45 至 74 歲的工作者有三分之二表示，在職場看過或經歷過年齡歧視。[19] 情況在有些地區與經濟部門甚至更糟。以「科技兄弟」（tech bro）大本營的矽谷為例，這種次文化的成員大部分是年輕白人男性，閒暇時只與氣味相投的人廝混，而科技業 150 家最大的科技公司在過去 10 年所面臨的歧視指控，對年長者的偏見其實遠多於對種族或性別的偏見。這點說來奇怪，因為北卡羅來納州立大學對程式設計問答網站 Stack Overflow 成員的研究發現，50 多歲的程式設計師在更多領域表現比年輕從業者更專業。[20]

　　在美國，最大規模的年齡歧視正式指控發生在 2020 年夏天，當時的公平就業機會委員會（Equal Employment Opportunity Commission，EEOC）認為，在全球擁有 38 萬 3,000 名員工、身為全球第 28 大雇主的全球科技龍頭企業 IBM（IBM 從 2010 起不再單獨公布美國員工人數），在 2013 至 2018 年間一直存在年齡歧視：那段期間它在美國解僱了數千名高齡員工。[21]

　　調查發現，IBM 最高層下令指示經理人採取積極做法，大

幅裁減年長員工，為年輕員工「挪出空間」，受此影響者約有
6,000 名，結果 IBM 在聯邦訴訟中支付數百萬美元的和解金。[22]
公平就業機會委員會代理主席維多利亞・利普尼克（Victoria
Lipnic）表示：「過去這一年，為了紀念《就業年齡歧視法》，
我們研究年齡歧視的現狀，發現年齡歧視與騷擾之間有許多相
似之處。就像騷擾一樣，每個人都知道它每天就發生在各行各
業的工作者身上，但很少人敢說出來。這是公開的秘密。」[23]

　　歐洲國家通過年齡歧視立法的時間大幅晚於美國，不過做
法更為全面，而且把年齡歧視視為同時影響年輕人和老年人的
偏見。

　　例如，德國 2006 年推出《一般平等待遇法》（General Equal
Treatment Act），只要認為自己遭到年齡歧視，無論年齡為何，
都可以對雇主提起民事訴訟，或是交由就業法庭聽證審理。這
種獨特做法為反制年齡歧視創造更普遍的機會。該法面臨的第
一個重大考驗是聯邦勞工法院（Federal Labour Court）禁止根據
公職人員年齡給予休假天數。在法院裁決之前，30 歲以下的員
工每年可以享有 26 天休假，30 歲至 40 歲的員工有 29 天，40
歲以上有 30 天，但現在，公部門僱用單位必須給每個雇員 30
天休假。對於年長員工，法院還裁定飛行員等職業不得以年齡

作為強制退休的唯一依據。

英國政府也在《2010 年平等法案》（Equality Act 2010）中宣布，所有年齡歧視皆為非法，廢除強制退休年齡，並從 2011 年開始禁止雇主強制員工退休。這項法案也特別點出針對年輕人的歧視行為，如經常薪資過低或在職場遭受貶抑，針對老年人的歧視行為也有所著墨，會被剝奪進入或留在職場的機會。

新聞報導、訴訟和立法行動，都對鼓勵社會的多元共融產生深遠影響，但是這些還不夠。其他邊緣群體都是歷經數十年、甚至數個世紀，努力爭取自己在社會中應有的地位，老年人的權利也一樣。我們務必切記，權利的範疇遠遠超越法律明文規定的範疇，而偏見會隨著持續不輟的倡議和覺醒消退，有一天可望實現久遠恆常的文化變革。

多元共融帶來獲利

美國公司的經營管理者經常因為公司缺乏有色人種、女性及 LGBTQ+ 的融合而飽受批評，有時候這些批判一點也不冤枉。然而，在 1940 至 1950 年代，一些有遠見的人看到種族多元共融的價值，不過是從兩種截然不同的觀點：一是好生意，一是好道德。

第一個觀點只考慮盈利，認為種族多元共融是當今組織在超高齡時代展開競爭時必須考慮的路徑，強調公平就業有利於企業，歧視不利於盈利。只因膚色而刻意把某些工作者或消費者排除在外，放著潛在利潤不賺，並不合乎理性。這個道理也適用於年齡歧視。

　　美國斯基德莫爾學院（Skidmore College）的珍妮佛・戴爾頓（Jennifer Delton）在 2009 年出版的《美國企業的種族共融，1940 至 1990 年》（*Racial Integration in Corporate America, 1940-1990*）一書中，深入探討美國勞動力種族融合的敏感問題。她提到一位廣告業主管為他 1952 年僱用黑人的決定辯護說：「我不是什麼聖戰士，對我來說，這是經過深思熟慮的決定，完全是金錢考量。沒有人逼我，沒有人催我，打動我的只有那個美元符號。」[24] 多元共融的召募在當時是否有利可圖，儘管可以打上一些問號（多半是因為實施成本很高），但是美國大公司還是支持這個理念，認可多元共融。

　　在美國職場談多元共融的早期，企業就有預感非裔美國人的市場日益重要，需要僱用黑人男性與女性以滿足非裔消費者的需求，這些預感都在今天的統計數據裡得到印證。根據波士頓顧問公司（Boston Consulting Group）的研究報告，相較於管理團隊多元化程度低於平均的公司，高於平均的公司營收高出19%、獲利率高出 9%。令人驚訝的是，雖然全球有高達 83% 的經營管理者都意識到，年齡多元化的員工組成是營運成長與成功的關鍵，但只有 6% 的高階經理人實行無歧視召募政策。[25]

明智的企業開始接納世代差異，將之視為資產，不再是負債。這些企業看到超高齡時代的真實面貌，明白需要提升勞動力的世代平等，因為那已經是社會和市場環境的現實。Airbnb甚至延請退休的旅宿創業家、「現代長者」康利重出江湖，主導Airbnb 轉型為餐旅接待企業的策略。隨著企業開始爭相深入研究高齡消費者，高齡員工也成為產品與服務設計、開發的秘密武器。

在融合並善用不同年齡層的人才方面，美國的進展速度不如海外。也許是因為沒有明確規定，也許是許多企業主管認為美國的勞動力和經濟相對年輕，沒有看到即將到來的技能短缺。隨著年長者在勞動力的占比持續成長，美國與其他國家也正在改變。

我在 AARP 期間，有機會與全球最創新的組織與經濟體合作，訂定高齡工作者的召募、留任與應援策略。「AARP 最佳雇主國際計畫」是我的指標性專案，旨在發掘並獎勵組織的最佳實務，而這些組織小到像是德國一家員工只有 25 名的專業木工廠 Brammertz Schreinerei & Fensterbau（BS&F），大到像是新加坡國家環境局（National Environment Agency）及英國電訊服務龍頭 BT。這些組織的規模和領域儘管各不相同，但都一致認同，年齡限制政策對企業不利，而年齡共融才有助於獲利。

在有些案例，像是 2009 年德國汽車製造商 BMW，領導者體認到公司會在 10 年內面臨勞動力短缺的問題，主要因為德國的勞動力正在老化。他們沒有把頭埋進沙子，而是徵詢員工建議，探究如何建造一座年齡友善的工廠。他們做了一筆不算太大的投資，讓工作變得更輕省、更符合人體工學，結果改善工作條件、延長工作年限，也提高生產品質。這種多元共融工廠設計現在已成為 BMW 的全球標準，推展到世界各地的工廠。

日本零售巨頭永旺集團（AEON）是亞洲最大的零售商，也是全世界名列前茅的零售集團。它的領導者體認到，該企業對年長顧客群的態度已經過時，為了化解這個問題，領導者把三家商店改造成「G.G. 購物中心」（Grand Generation，GG 世代就是日本的嬰兒潮世代）。這些賣場把老年人的產品從後方移到前方，白天安排社交與健康活動，在雜貨區廣鋪單人份包裝食品，無論年齡大小，所有單身人士都受惠。這些變動加上歡迎高齡顧客的員工文化，讓購物中心的獲利增加 10%，證明老年人行銷的投資獲利非常豐厚。

有些案例具有強烈的個人色彩，例如法朗茲・豪倫賀姆（Franz Haurenherm）。豪倫賀姆於 1934 年出生於德國，2016 年去世，享年 82 歲。他從 1994 年起到去世前不久都在 BS&F 工作。他在 60 歲時因為公司倒閉而失業，之後才加入 BS&F。BS&F 管理層的艾麗絲・布拉默茨（Alice Brammertz）最近對我憶述道，有一天豪倫賀姆來敲公司的門，詢問他們是否需要一名「老木匠」，公司當場雇用他。

豪倫賀姆在 BS&F 員工之間的人緣很好，而且是所有專案的「第一人選」，這不只是因為他技術高超、言談舉止討人喜歡，也因為他對自己用一生時間琢磨到臻於完美的工藝懷抱熱情。BS&F 充分善用豪倫賀姆的經驗，解決勞動力的年齡歧視問題，並找學徒與他搭檔（最小才 17 歲），把跨世代的力量發揮到極致。豪倫賀姆經常與學徒交流，傳授他對舊世界技術的理解，同時吸取新世界科技的專業知識。

有些案例非常及時，例如芝加哥的「老娃娃」（Old Dolls）。她們是西北紀念醫院的一群女護理師，利用平均 40 年的工作經驗因應新冠肺炎大流行。雖然她們知道從統計數據來看，自己感染並死於新冠肺炎的機率高於非醫務人員,卻還是為了公眾利益而甘冒生命危險。她們鼓舞、指導年輕護理師,在自然形成的跨世代團隊中與後進並肩工作。

我們不應再認為變老是壞事,事實上,老年所蘊藏的潛能,有可能是我們有生之年在社會上與商業上能遇到的大好機會。如今,美國 50 歲以上的人口有 1 億,中國已超過 4.4 億。布魯金斯學會(Brookings Institution)的一項研究指出:「他們的支出預計將從 2020 年的 8.7 兆美元增加到接近 15 兆美元(經 2011 年購買力平價調整)。」[26] 65 歲以上人口的支出,預計到這個年代末就會接近這個數字。

唯有經濟體對老年人更兼容並蓄,社會的經濟成果才能持續下去。如果我們沒能消除年齡歧視、建立跨世代團隊,並開發年齡多元共融的產品和服務,可能會導致經濟遲緩或步入衰退。例如,OECD 國家未來 30 年的平均成長率,可能從原本預估的接近 3% 下調到近 2%,原因是負擔費用的工作年齡人口愈來愈少,需要經濟援助和醫療保健的個人愈來愈多,他們就是那些被裁員或太早退休而資源太少的個人。

如果我們繼續維持目前的路徑,這幅景象就會成真。

第 **7** 章

礦坑裡的金絲雀

全球農村地區正面臨超高齡時代最嚴峻的挑戰。這些困局並非農村獨有，只不過最早在那裡浮現。

　　我們身處的這段時期，幾乎在社會與經濟的各個層面，都認為農村地區是過去的俘虜，而都會地區則持續走向未來。然而，農村地區宛如煤礦坑裡的金絲雀，預示超高齡時代因應得宜與否所產生的甜頭或苦果。農村地區可以成為年齡多元共融的創新實驗室，為所有世代帶動經濟機會，並讓我們窺見那個老年人口數遠遠超越年輕人口的未來。

　　有城鄉差距的國家並非只有美國，只是乍看之下它的差距通常更為突出。2007 年聯合國指出，世界各地的城市人口首度超越農村。從英國那場爭議不斷的脫歐公投，到法國的黃背心抗議活動，城鄉間日益加劇的摩擦所帶來的挑戰，已在各地浮現。衝突也表現在阿根廷、馬來西亞和日本等國的選舉趨勢：在這些全國選舉中，老年選民與農村選民有強大的發言權。[1] 而像是在澳洲，極右民族主義的反城市政治人物是農村「灰色選票」的吸票機。

城鄉社會的不和諧雖然明顯，但也只是故事的一個面向，且往往忽略全球化、城市化、數位化等其他趨勢，以及這些趨勢的交互作用，包括人口結構與老化。

例如在中國，城市化、人口老化的速度驚人，勞動年齡人口不務農，到工廠謀職，掏空整個村莊，只剩老年人照顧學齡兒童。由於這種轉變實在太過迅速而劇烈，中國政府在 2013 年頒布《老年人權益保障法》，[2] 規定成年子女負有照顧年邁父母身心健康的責任，但是對於解決問題也只是杯水車薪。

國家的反應突顯中國邁向高齡化、都市化社會的變遷速度有多快，這兩股趨勢的匯流，在許多方面侵蝕傳統家庭結構和援助網。年輕人會往城市遷移，就是受到政府的大力鼓勵，卻造成農村的世代失衡，這項立法未免顯得異常諷刺。

在世界各地，農村社區都面臨現代化最嚴酷的現實，像是自動化、區劃整併、全球化、氣候變遷與低出生率，使得維持家族農場或過著傳統生活變得更加困難。例如，美國有超過 220 萬座農場，其中 96% 是家族持有。根據美國農業部轄下國家食品暨農業研究院（National Institute of Food and Agriculture）的調查，許多由家族經營的農場，「下一代沒有繼續務農的技能或意願」，因此在未來 20 年，有 70% 的農田將會易主，比例高得驚人。[3] 這也意味著這些土地可能出售給更大的企業利益團體，例如嘉吉（Cargill）和孟山都（Monsanto）。

農村社區也必須面對一個事實：在現代化、年齡與種族多元化、增加稅收以支應基礎設施與公共機構等競賽中落後。[4] 在人口正成長的農村地區，帶動成長的往往是追求田園生活的退休人士，然而他們對公共財政的貢獻與勞動年齡人口不能相提並論，讓許多農村社區掙扎於存亡之間。

隨著超高齡時代的到來，解決農村地區所面臨的獨特人口挑戰是當務之急，包括人口重度老化、人口減少。農村人口面臨的社會不平等、經濟落差，尤其是與城市人口相比，已到不容忽視的地步，需要更多直接援助，至少短期內是如此。不過，有些社區可能最後會成為創新的理想試驗場，嘉惠超高齡時代的所有人。農村土地正是這些挑戰的新解方。

農村持續萎縮

全球農村正面臨超高齡時代最嚴峻的挑戰。農村的變化速度更快，必須經常面對資源減少的問題，無論是醫療照護、教育或金融機構，都已經因勞動年齡人口外流而資源枯竭，面臨嚴峻財務挑戰。這些困局並非農村獨有，只不過最早在那裡浮現。我們因應城鄉社區挑戰的最後結果如何，取決於解決這些問題的成果。

美國有超過三分之一的郡縣已達到超高齡時代的標準，也就是有 20% 的人口年齡超過 65 歲。這些郡縣將近九成位於農村地區，表示許多已經處於經濟劣勢的鄉村郡縣，正遭遇重大的人口結構逆風侵襲，情況可能因此雪上加霜。[5] 其中有數十個農村郡縣，65 歲以上老年人口占總人口超過 25%，而中位數年齡超過 50 歲的農村區域也在增加。

有兩股趨勢正在加速農村社區的老化：一是年輕的工作年齡人口往城市遷移，從事製造業和服務業，這是由區劃整併與消費轉變所推動的；二是留在農村的老年人逐漸老去，最終消亡。美國有超過三分之一的農村郡縣，正經歷嚴重而持續的人口流失，其中一些情況最為嚴重的位於中西部。[6] 例如，愛荷華

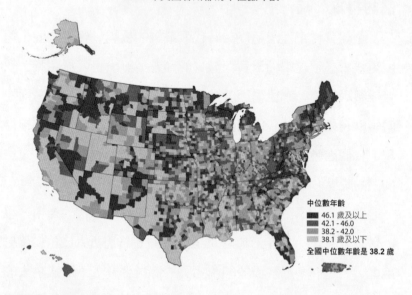

美國最年輕與最年老的郡縣
2018 年美國各州郡的中位數年齡

中位數年齡
- 46.1 歲及以上
- 42.1 - 46.0
- 38.2 - 42.0
- 38.1 歲及以下

全國中位數年齡是 **38.2 歲**

資料來源：美國商務部、美國人口普查局

州的 99 個郡縣中有三分之二處於人口流失狀態。[7] 這些趨勢預示的是鄉鎮與社區變老、變窮而終至凋零的可能命運。

從 2012 至 2016 年，美國農村人口有 17.5% 是 65 歲以上，在城市地區是 13.8%，而且兩者的差距還在擴大。在南部與中西部，四分之三的老年人住在農村；緬因州和佛蒙特州有三分之二的老年人住在農村。這些地區的居民以老年人占多數（通常

美國 65 歲以上人口城鄉比

2012 年至 2016 年

	（百分比）	■ 農村區　■ 都會區	農村人口占比 （包含所有年齡層）
佛蒙特	65.3	34.7	61.3
緬因	62.7	37.3	61.5
密西西比	54.7	45.3	50.3
西維吉尼亞	52.5	47.5	50.9
阿肯色	50.5	49.5	43.3
蒙大拿	49.6	50.4	43.7
南達科他	49.4	50.6	42.8
北達科他	46.5	53.5	39.5
阿拉巴馬	45.0	55.0	40.7
肯塔基	44.4	55.6	40.9
新罕布夏	43.3	56.7	39.8
愛荷華	41.1	58.9	35.6
懷俄明	40.6	59.4	35.3
奧克拉荷馬	39.8	60.2	33.3
田納西	39.2	60.8	33.2
北卡羅來納	39.2	60.8	33.2
阿拉斯加	37.1	62.9	34.1
南卡羅來納	36.1	63.9	32.8
愛達荷	35.7	64.3	28.7
威斯康辛	35.1	64.9	29.8
內布拉斯加	35.0	65.0	26.3
密蘇里	34.2	65.8	29.3
維吉尼亞	32.7	67.3	24.1
明尼蘇達	32.4	67.6	26.3
堪薩斯	32.3	67.7	25.5
喬治亞	32.3	67.7	24.3
印第安納	31.0	69.0	27.2
密西根	29.9	70.1	25.4
路易斯安那	28.9	71.1	26.6
奧瑞岡	26.8	73.2	18.5
新墨西哥	25.6	74.4	22.1
俄亥俄	23.5	76.5	21.9
賓夕法尼亞	23.5	76.5	21.1
美國	22.9	77.1	18.9
德克薩斯	21.5	78.5	15.2
華盛頓	20.6	79.4	15.5
德拉瓦	20.6	79.4	17.3
科羅拉多	18.6	81.4	13.7
馬里蘭	15.8	84.2	12.6
伊利諾	14.7	85.3	11.3
紐約	14.2	85.8	11.9
亞利桑納	13.1	86.9	10.2
猶他	13.1	86.9	9.5
康乃狄克	13.0	87.0	11.9
羅德島	9.9	90.1	9.2
佛羅里達	9.3	90.7	8.7
麻薩諸塞	9.1	90.9	8.0
夏威夷	8.8	91.2	7.5
內華達	8.2	91.8	5.7
加利福尼亞	7.1	92.9	4.9
新澤西	5.8	94.2	5.3
華盛頓特區		100.0	0.0

資料來源：美國人口普查局

是退休人士或低薪工作者），由於就業人口產生的稅收減少，經常侵蝕到服務與基礎設施。人口密度下降、勞動力來源枯竭時，要滿足老年人複雜的醫療照護需求，就會變得特別困難而成本高昂。

這樣的變遷並非美國獨有。同樣是在 2018 至 2030 年的 12 年期間，德國農村人口預計將萎縮 7.3%，義大利鄉村人口將萎縮 15%。到了 2040 年代，日本鄉村人口的減少速度會超越幾乎全世界每個國家。有些人預測，未來地球上會有數百個小城鎮在時間的長流裡荒廢，而有更多地方不再符合今天的宜居標準。

如果任由人口老化而無所作為，未來會是什麼光景？日本鄉村面臨的挑戰，描繪出一幅看似異世界、有些反烏托邦、卻又寫實的未來圖像。例如，離東京約 560 公里的四國島上有個名頃村，人口數十年來不斷老化和減少，村裡上次有嬰兒誕生大約是 20 年前的事。現在，村裡最年輕的人已經接近 60 歲，仍然以這裡為家的大約只有 25 人。

為了彌補人口不足，留在村裡的居民在學校等廢棄建築裡擺設栩栩如生的人偶，模擬過去的生活情景。他們原本希望藉此讓這個地方再次恢復正常，卻意外創造出一種超現實感。名頃村現在被稱為「娃娃谷」，人偶數與人口數的比例超過十比一，受到媒體的廣泛關注和報導。[8]

名頃村人口結構呈螺旋式下降，不但是警示，也反映問題，但媒體報導都把它視為奇觀，而非預言及未來可能成真的現實。這些報導很少提及就業機會和基本服務（包括學校、醫院、金融和零售服務）的嚴重流失，這是名頃村淪落至此的肇因。很多時候，人口流失也會導致藥物濫用和自殺率增加。

農村的挑戰可以歸結為年輕人因為缺乏機會而離開鄉村，留下來的老年人卻無力離開。美國農村有許多老年人都有自有住宅，但不動產價格隨著在地人口減少而下跌，即使老年人能夠出售自己的房屋，進帳也不夠他們搬到較繁榮的城市或支付長期照護的基本費用。因此，這些老年人一生累積的金融資產，大部分（甚至全部）最終也會化為烏有。

整體而言，美國與歐洲的農村老年人比城市老年人更多是白人，教育程度也較低。[9]在美國，農村地區居民有五分之四是白人，男性居多，也更多獨居或住在安養院。研究發現，農村社區的老年人更常患有慢性病，這是教育程度較低、所得較低、取得醫療服務機會較少的人的典型狀態。超過四分之一的農村男性、將近五分之一的農村女性，表示自己一個月當中完全沒有與他人往來，面臨更高的孤獨風險，這是健康狀況不佳的社會決定因素。

農村地區的出生率也在下降，雖然速度比城市地區緩慢。2007 至 2017 年間，美國農村和大都會的總生育率都呈現下降：農村地區下降 12%，中小型都會區是 16%，大都會區是 18%，而且差距持續擴大。[10] 即使不看這些數據，城鄉人口間仍有重大差異：相較於城市地區，農村人口移出較多，移入較少，因而加速老化。過去 20 年間，農村地區人口淨流出 38 萬人，若非有將近 60 萬的流入移民，流失的缺口會更大，將近 100 萬人。[11]

移民約占農村人口的 4.8%、城市人口的 16.6%，而且還在持續增加。[12] 然而，在農村景氣日益凋敝、移民政策嚴苛，以及邊境因新冠疫情關閉等因素交加之下，移民在美國的未來仍是未定之數。人口流入的挹注斷絕，後果可能相當嚴重，因為移入人口是因應地區人口下降最有效工具之一。

在沒有毗鄰任何都會區的偏遠農村郡縣，人口減少的情況更為普遍。就拿紐約州的哈德遜河谷（Hudson Valley）和科羅拉多州的米納勒爾郡（Mineral County）來比，前者是富裕紐約客的度假勝地，而後者距離最近的中型城市（人口超過 10 萬）普韋布洛市（Pueblo）四個多小時車程，兩地的現實狀況自然有所差異。因此，在因應超高齡時代農村郡縣所面臨的挑戰時，以為有一套全體通用的方法，恐是痴人說夢。

人口流失的解方

在城市利益主導的國家，農村的挑戰——尤其是與人口老化與減少的相關挑戰，往往會被忽視。然而，充滿活力、健康的農村人口，是一個國家知識與文化多樣性的根基。在城市人眼中或許過時的農村傳統，對國家的發展往往有豐厚貢獻。我們不能只把這些地區視為糧食與能源的供應地，這是許多國家（尤其美國）所犯的錯誤。

隨著農務的自動化，經營農場、砍伐樹木和食物加工的人力需求也隨之減少。原本永遠不會考慮住在城市的人之所以離鄉背景，是因為城市有更多薪酬更好的機會。2008 年經濟大衰退之後的趨勢顯示，城鄉的景氣回春並不均等，導致農村社區的生育年齡青年長期外流，留下更多老年人口，以及因吸毒與自殺而節節上升的死亡率。

將近有 10 年的時間，每年都有數萬人死於這種所謂的「絕望死」（deaths of despair），預期壽命因而呈下降趨勢，而且不只農村，整個美國都是如此。[13] 這個名詞最初由夫婦檔經濟學家安・凱斯（Anne Case）和安格斯・迪頓（Angus Deaton）創造，迪頓是 2015 年的諾貝爾經濟學獎得主。這些趨勢始於 2000 年代初，幾乎與大衰退同時發生，並持續到 2016 年。

美國農業事務聯合會（American Farm Bureau Federation）與全國農民工會（National Farmers Union）2017 年的一份報告顯示，將近四分之三直接從事農業工作的人，「生活直接受到類鴉片藥物濫用的影響，原因不外乎認識有毒癮的人、有家人上癮、本身服用類鴉片藥物，甚至有成癮問題。」[14] 然而，只有三分之一（34%）的農村成年人表示，很容易找到提供戒毒治療的資源。相信自己能夠找到有效、有保險給付、方便或負擔得起的照護的人，也只有三分之一多一點（38%）。

美國疾病管制暨預防中心表示，2007 至 2015 年，農村地區因藥物過量死亡的人數高於城市。2016 至 2017 年，農村地區雖然退居城市之後，但女性用藥過量的死亡率仍然較高。[15]

從國家人口動態統計系統（National Vital Statistics System）的死亡率數據可以看到，農村、中小型都會區及大型都會區在 2001 至 2015 年郡縣層級的年度自殺率走勢，以及人口統計資料和死因。整體而言，在這段期間，農村郡縣的自殺死亡率（每 10 萬居民 17.32 人）高於中小型都會區郡縣（每 10 萬居民 14.86 人），以及大型都會區郡縣（每 10 萬居民 11.92 人）。[16]

2018 年，45 歲至 54 歲（每 10 萬人 20.04 人）及 55 歲至 64 歲（每 10 萬人 20.20 人）這兩個年齡層的自殺率較高，其中又以 52 歲至 59 歲最高（每 10 萬人 21.56 人）。[17] 年輕族群的自殺率一直低於中高齡者。根據《美國醫學會期刊》（*JAMA*）網路開放版的研究報告，25 歲至 64 歲美國人的自殺率上升了三分之一以上。農村地區的自殺率比主要大都會區高出 25%。[18]

這些挑戰掏空勞動年齡人口，加劇農村社區的老化。人口結構變化對維持農村運作的基本服務構成沉重壓力。這些轉變彼此交相加疊下，引發一連串的骨牌效應，至今未見緩和，在許多農村社區形成像是人口反烏托邦的景象。曾經充滿活力的城鎮想要恢復往日榮景，機會似乎十分渺茫。

教育與醫療照護資源大縮水

當人口開始衰退，特別是較年輕、創造收入家庭逐漸減少時，就會對公共基礎建設形成沉重壓力，而學校往往首當其衝。人口螺旋式衰退的早期跡象之一，就是公私部門的基本服務開始縮裁，而且沒有恢復的希望。過去數十年間，農村學區一直合併，小鄉鎮學校併入較大的區域學校，或是完全關閉。這種情況在中西部、西南部和南方腹地尤其普遍，那裡的孩子現在必須長途跋涉，有時甚至是幾個小時的路程，才能接受基本教育。

由於公共資金減少、就學人數也少，有時候是因為希望透過整併以降低成本，當局會關閉農村社區的學校。諷刺的是，研究一再顯示，小型社區學校學生的考試成績和畢業率往往較高，而且課外活動參與更多。這些學校對於作為稅基支柱的年輕家庭，也更具吸引力。

學校一關閉，城鎮也失去活動與社區互動的重要聚集地，進而失去社區認同。很多時候，這會加速人口結構變化，導致其他基本服務的裁撤，例如醫院和醫療保健中心，嚴重影響老年人，他們使用這些設施的頻率通常高於年輕人。如果老年人必須長途跋涉才能得到醫療照護，負面影響將再加一層，因為駕駛能力（特別是長途駕駛）也是老年人的障礙之一。

芝加哥查提斯鄉村健康中心（Chartis Center for Rural Health）有一項研究顯示，美國各地在過去 10 年有超過 120 家位於農村地區的醫院關閉。[19] 截至 2020 年 1 月，全美共有 1,844 家醫院位於農村，也就是說，已有 7% 的醫院關閉。該研究還發現，近年來農村醫院的關閉速度加快，光是 2019 年就有 19 家關閉，是過去 10 年中最糟的一年。這些醫院的關閉，為已經面臨醫療照護就近性不足的農村社區,帶來另一項挑戰。

不意外,關閉的醫院主要位於那些對高危險族群(老年人、窮人)的公共資金挹注(公共醫療保險與補助)未達適當水準的州,而且這股趨勢沒有轉圜跡象。在那些已經每況愈下的醫院,作為主要收入來源的自費病患和擇期手術也在這時減少。許多醫院因為新冠疫情大流行而擱置非緊急手術,全國醫院關閉率可能會因此惡化,於是美國醫院協會(American Hospital Association)在 2020 年申請 1,000 億美元的聯邦緊急救助金,理由是農村醫院無法長期承受龐大損失。[20] 如果這些醫療院所關閉,老年人將被迫得開車幾個小時才能得到基本療護。

根據查提斯的資料,在新冠大流行之前,如果以績效水準來衡量,有 453 家農村醫院(重症醫院及農村社區醫院)將面臨關閉的命運。[21] 補充說明一下,重症醫院是由衛生與公共服務部所指定,能夠得到更高的聯邦補助金。這些醫院大約占美國所有農村醫院的 20%,如果關閉,後果不堪設想。

在疫情大流行期間,重要衛生基礎設施的流失也影響重大。美國第一批 10 萬名新冠肺炎死亡案例,絕大多數發生在市中心,大約 5% 在農村社區。不過,第二批 10 萬死亡案例的情況卻大不同,農村社區死亡占總數接近 15%。原來,農村居民

農村人口因各種因素更易出現新冠肺炎重症或死亡病例

	農村（％）	城市比例（％）
原本患有慢性病（20 到 84 歲）	23.7	3.0
老年人口規模	15.9	4.0
缺乏健康保險（25 到 64 歲）	20.2	10.5
缺乏設有重症監護設備的醫療院所	11.3	0.3

資料來源：美國農業部經濟研究局

由於原本患有慢性病、年齡較大及缺乏醫療保險，感染新冠肺炎時更容易演變為重症或死亡。

另一波從 2020 年 9 月下旬開始的疫情高峰期，確診率最高的是農村郡縣，尤其是居民人數未達 2,500 人的郡縣。南部與中西部農村社區的疫情最為嚴重，有些社區每 10 萬人的死亡人數與新冠全球重災區紐約市 2020 年上半年相同或更高。儘管海岸州已經開始漸漸回歸常態，但中西部與南部有許多州因為疫苗注射時間落後，2021 全年仍是疫情熱區，有些州甚至出現第三波感染，慘況堪比疫情最嚴重的時候。

搖搖欲墜的不只是醫療照護基礎設施，還有醫療照護人力。根據《新英格蘭醫學期刊》2019 年的報告，農村醫療照護人力迅速老化，反映出年輕醫生普遍拒絕下鄉執業。[22] 從 2000 到 2017 年，農村醫生的人數只增加 3%，而 50 歲以下的醫生人

全美各地每 10 萬名居民累計確診新冠肺炎人數
2021 年 2 月 2 日

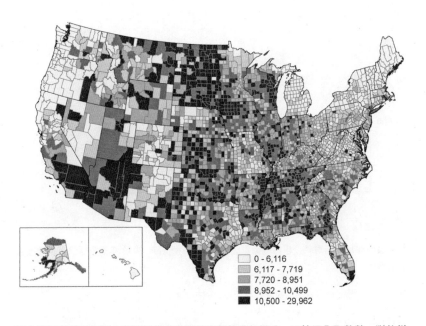

圖中顯示新冠肺炎死亡率範圍是按分配的五個等分位切分，四捨五入取整數。猶他州 22 郡縣的病例是按多郡縣衛生分區統計，而非單一縣郡。

資料來源：美國農業部經濟研究局引用約翰霍普金斯大學的數據

數卻減少 25%。也就是說，其他條件不變下，2030 年時農村地區平均每一萬人只有 9.4 名醫生。

挑戰不只來自於醫師的召募與留任，護理人員的召募與留

都會與非都會區新冠肺炎每 10 萬名居民累計確診數
2020 年 3 月 1 日至 2021 年 2 月 2 日

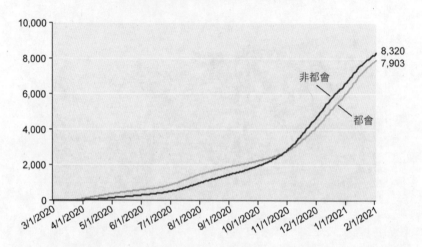

都會區與非都會區資料是根據美國行政管理預算局所訂定 2013 年都會區與非都會區郡縣定義。

資料來源：美國農業部經濟研究局引用約翰霍普金斯大學的數據

任也有隱憂，影響照護制度的整體服務品質。因為不但要找到資格符合、通過藥物測試的人，也要對方願意在院方給的薪資條件下工作。人手不足會造成照護服務調查的違規提報增加（政府會對安養院做調查，找到問題就對安養院做違規提報，這是監督程序的一部分），大幅增加整體人力流動率，以及醫療照護者的成本，降低患者、居民和家庭照顧者的滿意度。

農村地區的新冠確診率超過都會區
2020 年 3 月 22 日至 12 月 13 日

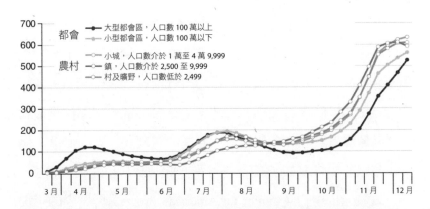

圖表顯示的是新冠肺炎每 10 萬名 20 歲以上成年人新確診案例的三週變動平均數，每週數字都是過去三週期間的平均值。都會區納入有實質通勤活動的鄰近農村郡縣。

資料來源：美國農業部經濟研究局引用約翰霍普金斯大學、《紐約時報》的數據

　　美國 2020 年爆發的新冠疫情，可能讓許多醫護人員提早退休，本來他們的職涯年限通常高於平均。2020 年夏天，非營利組織醫師基金會（Physicians Foundation）發布一份針對 3,513 名醫師的調查報告，指出有 4% 的人表示基於健康風險，不會重返工作崗位，另有 28% 的人表示會重返工作崗位「繼續執業，不過會因為新冠疫情而非常擔憂自身的健康。」[23] 有鑑於農村醫療照護人力的年齡，預計變化在農村地區會發生得更快。

消失的商店街

自大型零售商在 1990 年代大舉進攻市場，小雜貨店數十年來的經營就是一片陰霾。過去 10 年，零售店關門潮進一步重創零售業版圖，其中包括傑西潘尼（JCPenney）、梅西百貨等家喻戶曉的品牌，而這對美國農村地區的影響特別大。即使是最初的市場顛覆者、在許多州是最大雇主的沃爾瑪（Walmart），過去10年也收掉將近200家店，其中許多是位於最小的農村城鎮。

美國進步中心（Center for American Progress）發表的〈美國鄉村地區的經濟復甦和商業動能〉（Economic Recovery and Business Dynamism in Rural America）報告指出，自從 2008 年大衰退開始以來，小型企業的成長一直集中在城市及其周邊。同一時期，幾乎所有農村地區都失去數千個就業機會，新創事業也出現萎縮。[24] 為了鼓勵農村新創事業的公共政策，成效不一定符合預期，而 2020 年初在疫情大流行最早一波關門潮裡萎靡不振的小型企業，如果沒有得到聯邦或州政府的財政援助，一旦病例劇增，可能撐不過第二次封城。

受害最嚴重的領域之一是銀行業。根據美國聯準會在 2019 年發布的報告〈商店街視角：農村社區的銀行就近性分析〉

（Perspectives from Main Street: Bank Branch Access in Rural Communities），有 1,533 間銀行分支機構在將近 800 個農村地區消失，占總數的 14%。報告指出，雖然都會區也會撤除分支機構，不過只占總數的 9%。[25]

這些調查突顯了農村地區與服務更好、更繁榮的城市中心之間，落差不斷擴大的普遍趨勢。

或許有些人會覺得這沒有什麼大不了，尤其在網路銀行興起之後，但是農村社區常有寬頻取得不易、缺乏數位素養的問題，而這兩者都是使用線上金融服務的必備條件。

高齡人口——包括農村地區的高齡人口，都有貢獻的潛能，但我們必須重新統合資源，支持能夠刺激經濟成長的小型企業和創業家發展。要做到這一點，我們需要重新調整對高齡公民經濟潛能的看法，以及對農村人口的集體態度。

如果我們不做必要的投資，讓商店街回到農村社區，這些社區幾乎一定會崩解。服務流失，商家持續倒閉，健康人口會前往更靠近城市中心的地方尋找機會，只有病人與無助無依者會被留在原地。

借鏡過去，展望前路

可惜，我們對於農村社區的老化與潛在的空洞化，目前還沒有明確的因應藍圖。但如果我們相信農村社會的文化和傳統有其價值，就必須透過公共基礎建設專案對地方投資，並盡可能透過私部門運用技術創新。

要讓農村社區重新站穩腳跟，就必須尋找現行活化和服務農村的最佳實務。幸好，許多最佳專案都可以立足於現有的基礎設施。我們一方面化解城市對這些地區的偏見，另方面也必須考量當前農村困境的現實，同時借鏡過去的時代，從公部門卓越領導者造福民生的偉大建樹中汲取靈感和教訓。

經濟大蕭條爆發幾年後，小羅斯福總統在 1933 年推動立法，創造所謂的新政（New Deal），並設立田納西河谷管理局。這是一家政府支持的大型私人企業，負責建造水壩，為超過上千萬名美國農村居民提供電力，至今仍在營運並持續獲利。

當年讓美國擺脫大蕭條的大膽行動，與今日美國史上規模最大、影響最深遠的支出計畫美國救援方案（American Rescue Plan），兩者並沒有什麼不同。這項指標性立法編列 1.9 兆美元預算，由拜登總統在 2021 年 3 月簽署通過，內容包括擴大網路連線，並設置屋主援助基金，協助陷入困境的屋主支付房貸、財產稅、財產保險費、公用事業費用，以及其他住宅相關費用，為農村社區挹注重大投資。這項計畫也嘗試支援失去住家的家庭、學校改為線上授課的學生、糧食缺乏，以及新冠肺炎檢測和疫苗接種取得等需求。這項計畫挹注於美國農村地區居民的投資包括：[26]

- 5 億美元用於幫助農村醫院與在地社區，增加新冠肺炎疫苗和糧食援助的取得；
- 2022 年 9 月為低收入與高齡借款人提供一億美元的租金援助；
- 截至 2023 年 9 月，為單一住家擔保貸款計畫、單一住家維修貸款與補助金，提供 3,900 萬美元的直接再融資。

有關農村社區基礎建設的未來投資與創新，可以向世界其他地區取經。在農村人口老化速度最快的日本，當局運用郵政人員，透過日本郵政的守望服務，為面臨孤獨風險的農村老年人提供急需的產品與服務。[27] 法國郵政在 2017 年也推出類似的「守望雙親」服務。[28] 其他郵政服務機構也在考慮類似的選項，[29]

甚至有愈來愈多人要求美國郵政把銀行業務納為服務項目。[30] 面對超高齡時代的挑戰，這些都是利用現有資源和基礎設施作為解決方案的做法。

英格蘭的紐卡索信用合作社（Newcastle Building Society）已經透過社區中心為農村地區提供服務，填補大銀行離開後留下的缺口。[31] 這種為農村服務的方法，是紐卡索策略的重要一環，其銀行服務通常與其他基本社區服務（例如郵局）比鄰，規模一般而言只是傳統零售銀行的一小部分。

其他不再使用的現有基礎設施，例如學校，正改造為「日間托老所」。雖然我厭惡這個詞彙，因為它令人聯想到托兒所，暗示老年人的幼稚化，但確實很貼切。我們也在全球的一些社區看到，把學校與老年護理的功能合併在同一個機構，以降低成本，讓年輕人和老年人同時受益。

位於東京郊區的江東園養護中心，正是這個領域的先驅機構，在 1976 年開辦這種兼顧年輕人與老年人需求的服務。學齡前兒童每天入園時都會看到園內住民，其中有些是百歲人瑞，孩子每天和長輩相處，包括運動與用餐，從他們身上學到許多人生智慧，像是關於死亡的事。[32] 這個模式今天已經在世界各地複製，包括美國和歐洲。

德國政府致力於利用電子醫療科技，確保農村地區老年人能夠獲得與都會地區相同品質的照護。[33] 最近的立法要求醫療保險公司針對缺乏足夠醫療服務的農村地區，設置遠距醫療諮詢服務。

科技也被視為美國農村地區的解決方案。美國退伍軍人事務部（Department of Veterans Affairs）的互助辦公室（Office of Connected Care）正努力把數位科技帶給偏遠社區的退伍軍人和醫療照護專業人員，在傳統辦公室業務之外拓展護理服務。同時致力於透過科技改善醫療照護，讓退伍軍人和療護團隊參與傳統醫療照護看診以外的活動，包括遠距醫療。[34]

Airbnb 等行動服務，正協助日本村莊的老年人把家園開放給全球遊客，以創造收入。這不僅有助於活化偏遠社區，也能止住遷移城市的人流。吉野杉之家是東京建築師長谷川豪與在地社區的合作專案，是幫助這個快速老化的國家解決農村人口減少問題的對策。[35] Airbnb 也對韓國、台灣農村的老年房東推出專案計畫。

共乘平台 Uber 已經把服務鄉村及老年村民，納入在日本經營的商業模式核心，2015 年進入北海道與京都府部分鄉村地區市場。Uber 對於行動不便的老年居民及想要前往偏遠地區的遊客很有幫助，如果沒有汽車，這些人通常難以如願。Uber 也僱用各式各樣的人，包括退休人士、學生，甚至全職主夫或主婦。它計畫盡量與現有的計程車網絡合作，並擴展到日本各地。[36]

至於那些已經走上滅村不歸路的農村社區，義大利西西里島內陸的卡馬拉塔（Cammarata）等城鎮的方案，或許可以作為參考。不久之前，卡馬拉塔政府與義大利其他地方政府開始以一歐元起價標售房屋，吸引年輕購屋者，以減緩人口老化和人口萎縮的影響。卡馬拉塔剛好是義大利百歲耆老最密集的地方。購屋者必須在一年內開始整修房屋，卡馬拉塔市長表示，這項政策的反應十分熱烈。[37]

卡馬拉塔的決策能否阻止年輕人外流，時間自會證明。不過，與其他人口結構相似的城鎮一樣，隨著年輕人在疫情期間返鄉，卡馬拉塔的命運可能會逆轉，人們還希望「農村新住民」（也就是那些選擇搬回或是第一次來到農村社區的人）會變成新的趨勢。這場全球流行病，可能會加速人們想要，或至少是嚮往搬出城市居住的轉變。雷德芬房產網（Redfin）指出，在新冠肺炎大流行之前，只有一成購屋者鎖定農村地區，現在有兩成表示考慮過在農村地區置產。這是打破傳統工作週期與辦公室生活之後的轉變，在疫情期間，這兩者一度幾乎完全存在於虛擬世界，有能力的人可能會選擇同時保留農村的住家與城市的落腳處，而有些人可能會永遠放棄城市生活。

就連在美國一些具有獨特地理與人口挑戰的城市，也祭出財務獎勵措施，鼓勵人口移入。奧克拉荷馬州塔爾薩市（Tulsa）的出生與移入人口，長年趕不上移出人口，於是針對遠距工作的技術人員，提供一萬美元的搬遷補助，另加上凱瑟家族基金會 1,000 美元的居家補助。[38] 美國有些已進入超高齡時代的州，包括緬因州與佛蒙特州，積極對年輕人口做行銷，直接發放現金、給予稅賦優惠，明確表達希望召募年輕工作者，以緩和人口老化，強化稅基。

善用創新滿足未來需求

為了解決農村社區的人口挑戰，我們必須拋開「投資老化農村社區不划算」的想法，因為我們很容易相信，顧客更年輕、客群規模更大、定價可以較高、利潤會更好的都會區才是聰明選擇。事實上，無論是農業生產、農業技術（agtech）、家庭工業、農村外包、個人企業家或小型顧問公司，甚至是社區合作社的零售店，農村企業的經營績效通常特別好。這些企業雖然規模較小、成長速度較慢，但利潤和存活率也可能比城市的企業高，創業家在農村也可能更容易取得資金。[39]

微軟科技長凱文‧史考特（Kevin Scott）在《改造美國夢：從美國農村到矽谷，讓人工智慧為所有人服務》（*Reprogramming the American Dream: From Rural America to Silicon Valley—Making AI Serve Us All*）一書中，對未來提出樂觀看法，認為科技可以發揮輔助、提升老年農村勞動力的效果。他有理有據地主張，機器人科技尤其能夠延長勞力密集工作者的工作年限。努力因應製造部門技術人員短缺問題的超高齡國家，像是德國，已經在採用這個辦法。史考特認為，只要肯投入資源提升寬頻鋪設率，加上吸引企業的稅賦獎勵，以人工智慧驅動的製造業就能在美國中西部蓬勃發展。

還有小型企業的經營接班問題，這是世界各地老化農村社區的熱門話題。堪薩斯大學商學院的「退休重定義」計畫（Redefine Your Retirement，RedTire）提供免費服務，為該州農村地區的接班做妥善安排。總部在內布拉斯加州林肯市的農村創業中心（Center for Rural Entrepreneurship），與美國、加拿大等地社區合作，讓這些社區對新一代潛在小企業主更具吸引力。

在企業接班面臨最嚴峻挑戰的日本，中小企業廳制定企業接班五年計畫，鼓勵企業主意識到接班問題，並營造讓下一代有接班動機的環境。如果沒有接班規劃，日本將有許多傳統手工藝產業可能在未來 10 年內消失。[40]

　　私募股權公司對日本及世界各地農村地區的中小企業愈來愈感興趣，這些中小企業可能擁有卓越產品、但過去無法取得所需資金。私募股權公司特別喜歡那些沒有家族繼承或買家收購的企業，有時是直接收購，有時是持有部分股權，而且以日後取得控制權為目標。事實證明，這種關係對企業主與投資者雙方都有價值。

　　這些政府和企業在因應超高齡時代的現實時，眼光敏銳而且務實，善用公部門資源與私部門的創新，以滿足未來截然不同的人口結構需求。不過，只是回應變動尚不足以達致卓越，還需要降低、化解矇蔽我們的偏見。

　　無論內隱或外顯的偏見，都是真實的問題，而且如果是針一向被邊緣化的群體、老年人或農村人口時，不但殺傷力特別大，也會對進步造成不必要的障礙，抑制社會發揮真正的潛力，妨礙經濟成長。唯有採取社會一體途徑（whole-of-society approach），注重公平與多元共融，善用不同群體與地理位置的獨特優勢，才有助於把超高齡時代變成人類真正的輝煌盛世。

我們還有希望，但這項工程必須由現在的我們來進行，善用所有群體、各個世代和地理位置之所長，以過渡到一個更正面的未來。

不平等問題若是未能及早解決，長此以往，當前面臨的重大社經挑戰恐將加劇。壽命差距可能進一步擴大，財富繼續往高所得群體集中，城鄉差距的鴻溝擴張到無法彌補。這樣一條道路會通往的未來，可能是個萬劫不復的人口反烏托邦。

3
—— 人口新秩序

第 8 章

面對新現實

> 愈來愈多企業相信,老年是一種資產,而非負擔。在
> 超高齡時代,願意在設計、行銷上滿足不同世代需求
> 的企業,才會是贏家。

　　一直以來,人們對於超高齡時代的最大誤解,就是以為這是老年人的事。雖然當下 65 歲以上人口的確比以往任何時候都多,這個族群的成長速度卻掩蓋了「壽命的延長正在改變整個生命歷程」的事實。聯合國估計,全球至少有十分之一的人口在 2022 年達到 65 歲及以上,壽命超過傳統退休年齡的人口數繼續增長,[1]80 歲以上人口如今是成長最快的族群。

　　壽命的延長不只是在生命的末端多加幾年,而是拉長生命中段健康活躍的年歲。這對企業是獨特的機會,特別是能夠為

新興的人生階段開發商機，就像企業在上個世紀為青少年和退休人士所做的。科技的進步把人類推進超高齡時代，也讓人們擁有身心健康的時間比先前的世代更長。這些進步可能也創造出一些社會與經濟條件，使年輕一代延遲或抗拒傳統的生命里程碑，比方說買房、買車，或是結婚生子。這些因素加在一起，迫使我們重新思考自己所期待的 30 歲、50 歲、70 歲或更大年紀的意義到底是什麼。

新的產品與服務也不斷被開發運用，所要滿足的不只是老年人，也包括渴望更長久保持健康的多個世代。

隨著大量人口的社會與經濟現況改變，許多公司正重新思考策略。有些創新讓患有慢性病或非傳染性疾病的人感覺自己更「正常」，也有助於重新校正「老」這個字的意義，因為愈來愈多人拒絕以這個字定義自己。有些成功的企業開發產品與服務，用不會讓顧客感覺被威脅的方式，來解決許多人對於衰退的恐懼。他們擺脫以年齡為依據的設計與行銷模式，熟練而巧妙地開發能夠因應客戶需求的產品與服務，同時迎合客戶希望被認為年輕且與時俱進的渴望。

在設計過程中，他們考慮不同世代的老年人口，並將老化與長壽也放進人資策略及行銷傳播計畫的核心。

第一波浪潮

我父親蓋瑞就是一位超高齡時代的客戶。雖然他在 2017 年聖誕節當天有過一次中風，還是積極找尋相關產品與服務，來維持健康與從事正常活動（例如駕駛）的能力。他沒有自怨自艾，而是積極復健，認同也購買能讓他維持尊嚴、獨立的產品與服務。他看起來很健康，自己也感覺如此。

在這個旅途上，我的父親並不孤單。美國每年有數十萬人中風；到了 2030 年，預計將有 3.88% 的人口、大約 1,400 萬名 18 歲以上的人可能中風。這表示有很多人必須考慮，到底是要陷入衰退，還是利用產品與服務來幫自己維持充實的生活。

我父親購買的第一個物品是輛更安全的新車，車款特別適合他這個狀況的人（像是視力略有下降）。他買的是保時捷邁凱（Porsche Macan），這是一輛具有友善高齡和特殊安全配備的跨界休旅車，包含按鈕啟動、前後攝影系統、環景顯像功能，以及駕駛輔助科技。

我跟大部分的成年子女一樣，會擔心爸爸的安全，當我知道他買了一輛跑車時，真是嚇壞了。結果這輛車真的很棒，不只讓我父親恢復自信，更重要的是讓他重獲行動能力並確保安全。在那之後，他再升級買了一輛有自動駕駛技術的特斯拉（Tesla）Model S，讓他可以舒適且安心地行駛更遠的距離。

隨著人們壽命延長，難免會遭遇一些健康問題或體力與認知上的退步，就像我父親中風。到了 50 歲之後，大約半數的人會有一個健康問題，五分之一的人有兩個，十分之一的人會有三個病症。到了 80 歲，這個數字急劇上升，九成的人至少有一個問題，超過三分之一的人有三個或更多狀況。

統計上來說，一個人活得愈久，生病或有健康問題的可能性就愈大，死亡機會愈高，但這不表示現代人比前幾代的人處境更糟。現今活得更久的人，生理上都顯示出比前幾代人更年輕的跡象，表示他們在身體和心理上都更強健。這顯示許多人對老年人的偏見，特別是認為他們普遍虛弱或健忘，可能已經完全不符現實了。

2020 年，芬蘭于韋斯屈萊大學（University of Jyväskylä）的研究人員發現，如今老年人的生理和認知能力比前幾代高出許多。他們檢視兩組相隔 28 歲、年齡在 75 到 80 歲之間的人（第一組出生於 1910 和 1914 年，第二組出生於 1938 或 1939 年，以及 1942 或 1943 年）。結果發現，出生較晚的這群人「在最大功能性能力測試（maximal functional capacity tests）中有顯著且具意義的更高成績。」[2] 顯示目前在芬蘭生活的 75 到 80 歲高齡人口身體機能普遍更好。

這類研究顯示，今日的老年人可能比上一代「更年輕」，同時某些生命階段可能正在改變或延長，而其他階段可能正在浮現。這個研究也顯示，現代人即便有一兩個健康問題，仍然可以很健康。這代表比起先前的世代，現代人有更多健康的年歲可以生活、工作。

因此，我們對老年人的許多既有觀念和偏見都應該重新思考。也許「50 歲就是新的 30 歲」（50 is the new 30）這句話，是有道理的，至少在生理年齡上是如此。

生命歷程正在改變

慢性與生理的老化無可避免，但個人的衰老（生理、經濟與社交方面）可能會受到多種因素影響，包括個人行為與選擇、就業狀況、醫療與科學介入、政府計畫，以及私部門的創新。這些都可能提升或減損生活品質與獨立性，進而增加或減少健康年歲。

我們比較少討論與了解的是，在整個生命歷程中，更長的壽命如何對社會與經濟規範產生深遠影響。今天的年輕人不僅活得更久，生活方式也和他們的父母、祖父母不同。他們的收入愈來愈少，也會延遲或規避生命中的重要里程碑。他們要面對這樣一個現實：先前幾個世代所享受的許多政府支持，比方說社會安全福利、聯邦醫療保險，未來可能都無法繼續提供給他們。

整體來看，彭博社（Bloomberg）的一份報告顯示，千禧世代占美國勞動力最大比例，但只掌握國家總財富的 4.6%。他們必須在未來兩年將儲蓄增加到四倍，才能追上戰後嬰兒潮世代在 1980 年代同一時期的財富水平。年輕人也預期要在勞動市場中工作更多年，部分是由於收入的差距，但也因為他們的壽命會比前幾代更長，而且生命的最後幾年可能需要來自個人財富或家人金援。這些現實為年輕人的遠景與個人長壽策略形成特殊挑戰，也帶來潛在商機。

家庭也在改變。在人類歷史的大部分時間，人們都生活在大家庭中，也就是多代同住於一個屋簷下，包括祖父母、父母、兄弟姐妹、叔伯姨舅和表親；今天全球仍有超過三分之一的人口是如此生活。這些家庭本質上是經濟單位，從歷史角度來看也以農業社會為基礎。1800 年代，有四分之三的美國人在農場生活與工作，四分之一的人參與家族擁有或經營的企業。

隨著社會現代化，這一切開始改變，並因著「核心家庭」（由雙親及子女所組成的家庭單位）的形成而演進，導致了目前的狀況：各個年齡層都有愈來愈多人沒有結婚，通常也沒有子女。

往未婚家庭移動的趨勢，影響了家庭收入與購買力、社區需要的住房與服務型態，以及健康資源分配的方式，同時也改變了消費者的行為，因為單身者不需要購買那麼多物品。再加上更長的壽命、更少的孩子，我們看到經濟的所有面向都有劇烈轉變的骨牌效應。家庭人口數縮減，使得一人份的酒精飲料和食品受到愈來愈多獨居者的青睞，呈現指數性的成長。

多年來，另一股略微矛盾的趨勢正在發生：愈來愈多年輕單身者搬回家與父母同住，而且時間更長，因為他們發現獨自生活在經濟上並不可行。這要歸咎於低薪或扁平的薪資，以及像是醫療照護與住房這些上漲的花費。這股趨勢在新冠肺炎疫情及之後的經濟衰退期間快速蔓延，如今美國 18 至 29 歲的年輕人大多數與父母同住，這是經濟大蕭條以來第一次出現的狀況。[3] 這個族群的人口不再獨立生活，代表空屋率可能上升而房租下降，可能會對住房負擔能力帶來正面影響，但對週邊社區的經濟則造成負面效應。

家庭和生命經驗至少是變得更多元了。一方面來看，能夠付費購買清掃、煮飯與照顧等服務的富裕個體，繼續獨居或在核心家庭中生活。另方面，貧窮的人傾向留在傳統大家庭或搬進跨世代多元的家庭中，這類家庭在社會與經濟上是更具凝聚力的支持單位，特別對移民家庭來說。

其他人，尤其是住在都會區的，正在善用所謂「自選家庭」（chosen family）的好處。這是一個由多元性別認同（LGBTQ+）族群在 19 世紀晚期發展出來的詞彙，目的是要創造一個類似傳統大家庭的環境，但以朋友和鄰居來填補血親的角色。

不管是出於選擇或必須，人們都在調整自己的家庭和生活經驗，以因應超高齡時代的新現實。〔關於自選家庭的說法，雖然沒有確切的出現時間，但起源是 1860 年代紐約哈林區的變裝舞會。這個詞彙在 20 世紀末變得流行，可能跟 1991 年的一部電影《巴黎在燃燒》（*Paris is Burning*）有關〕

人生里程碑的轉變

年輕人生活型態的改變通常跟經濟因素有關。他們不只收入比父母更少，還經常受到學貸、高漲的住房及健康照護成本所牽制。這些財務負擔影響他們所有的經濟決定，尤其在大筆的重要花費上。

2020年，男性初婚年齡的中位數是30歲，女性接近28歲。雖然歷史上來看，女性結婚年齡比男性少三歲，但這個差距已經緩慢但穩定地拉近，如今差距只有兩年。在半個世紀前的1970年代，這個中位數是男性23歲，女性接近21歲。如今18至34歲的年輕人中約有三分之一已婚，但就在40年前的1978年，這個年齡層有三分之二已婚。

年輕人也延後生育，與結婚年紀延遲大致相應。從1980年代至今，美國新手媽媽的平均年齡從21歲上升到26歲，新手爸爸則從27歲上升到31歲。[4]若是把婚姻與教育程度也納入考量，這個數字還會更高。已婚且教育程度較高的人，通常更晚生孩子。2020年新冠肺炎的流行使許多人延後生育，導致美國出生率創下新低紀錄。在過去大環境遇到艱難情勢時，也會出現同樣模式。

延後生育第一胎時間的不只有美國人，其他已開發國家中的女性也都更晚生孩子，新手媽媽的平均年齡已經來到31歲。這代表有愈來愈多人，把為人父母推遲到職涯已漸上軌道之後，這種延遲影響了生育率。正如前面所討論的，已開發國家與部分開發中國家，生育率都急劇下降。

年輕的住房持有者也正從市場上消失，就算沒有被迫要搬回家中與父母同住，也得租個房子。根據美國全國房地產經紀人協會（National Association of Realtors）的統計，首次購屋的年齡中位數從 1981 年起已經上升到 33 歲，但這還不是故事的全貌。所有購屋者的中位數也正在上升，目前來到 47 歲，遠高於 1981 年的中位數 31 歲。[5] 重複購買者的年齡中位數是 55 歲（40 年前還只有 36 歲）。[6] 這代表愈來愈多人願意晚一點才背負房貸和債務，因為他們知道自己會比前幾個世代的人活得更久，而且要工作更長的時間。

與前幾代相比，首次購屋者是單身的可能性也更大。他們的收入中位數是 5 萬 4,340 美元，[7] 經過通貨膨脹調整後，大約與 1970 年代的首次購屋者收入相同，可是房價在這段期間已快速飆升。人們無法在年輕時就進入房屋市場，代表他們正失去為晚年帶來財富與財務安全的關鍵驅動力，也代表有更多財富集中在社會的老年人與白人身上。

經濟因素加上生活機能改變，今天的年輕人更有可能積極參與共享經濟。考取駕照和擁有一輛車，在過去是長大成人的標誌，現在已經延後發生，主要是家庭開銷的考量，但也跟網路購物與隨選即送的服務趨勢有關，使人們更輕鬆得到想要的物品或服務，不需要開車出門。即使需要用車時，也可以透過共乘服務叫到車，享有點到點或是租車的便利。今天在許多城市也有共享腳踏車與機車這類服務。

網路購物與產品服務隨選即送的趨勢，有可能重塑許多支持更長壽命的產業，因為個人在整個生命過程中都更容易選擇或放棄使用產品與服務。老人住宅產業把這些產品與服務稱為「工具性日常生活活動」（instrumental activities of daily living），但現實是，人們在不同年齡都會需要專門的產品，人生後半段也不例外。

重新思考生命終局

我們可能也必須重新思考死亡。活著是昂貴的，對長壽但健康不佳的人來說更是如此。如果人們不能選擇自己要在什麼時候、用什麼樣的方式死去，也會造成嚴重的社會與經濟正義問題。在許多情況下，生命後段的照護成本會使個人與整個家庭破產。荷蘭等國已容許安樂死，作為因健康問題而受苦的個人與家庭的另一個選擇。

2020 年 12 月，荷蘭醫師發表在《美國醫學會內科醫學期刊》（*JAMA Internal Medicine*）的一篇文章指出，安樂死的請求大多來自癌末病患，但有愈來愈多是來自患有「多重老年病症候群」（multiple geriatric syndromes，MGS）的人。他們發現，MGS 的累積不足以成為請求安樂死的理由，但請求者都經歷過某種型態的健康或生命轉折點，包括跌倒、失去伴侶或摯愛。[8]這樣的改變預示著未來的衰退，他們會需要依賴別人，會變得孤立，過著自己不想要的生活。

愈來愈多的美國人（九成）希望更能掌控自己生命的終局。一個方式是透過預立醫療照護諮商（advance care planning，ACP），這個過程包括個人、家人與醫生之間，共同討論護理價值及目標，決定或執行治療指示，以確保個人對生命終末照護的意願受到尊重。ACP 體現在製作生前遺囑和／或醫療授權書，內容通常包括要求在重大醫療情況下不施行心肺復甦術。

ACP 通常是社會上的年長者（85 歲以上）使用，他們往往比較富裕，更多是白人，且更常是住在集體照護的環境。不過，年輕人、有色人種與低收入戶也應該考慮使用 ACP，因為對自身健康相關的決定握有控制權愈來愈有其必要。ACP 不只可以預防日後必須做出極度困難的決定，也能幫助人們在重大醫療事件後避免鉅額費用與混亂。疫情期間，有成千上萬人要面對這樣的現實，而只有三分之一美國人有預立醫療指示。

如今，個人依意願處理自己死後的遺體，也變得更普遍，且未來還會繼續下去。人們現在可以跳脫傳統的土葬、火化，以及過時的殯儀館，選擇新時代的服務。舉例來說，華盛頓州在 2019 年成為第一個容許人體遺體堆肥葬的州。「重組」（Recompose）是第一個提供這種服務的公司，他們以 5,500 美元的價格讓遺體自然回歸地球，而且不使用有害環境的化學物品。[9] 這個費用確實很便宜，因為根據全美殯葬業者協會的數據，2019 年一場含瞻仰遺容與土葬喪禮的花費中位數是 7,640 美元。[10]

殯葬業還有其他改變。2019 年，餐飲創業家奧立佛·佩頓（Oliver Peyton）在英國倫敦創立一間標榜設計感的葬儀社，名為「由此離開」（Exit Here），希望能讓人們更自在地面對死亡。第一家店位在倫敦西部，空間明亮、現代感十足，裡面有舒適家具、溫暖色調與追思的空間。他們提供只能用「時髦」稱之的靈柩和骨灰罈，當然也有傳統葬儀社的所有服務。[11]

凱特琳·道堤（Caitlin Doughty）是位禮儀師，也是「善終」（Order of the Good Death）的創辦人。她認為，死亡既然是每個人生命必經之路，就需要更開放且誠實地面對。她說，應該要有更多人去面對死亡的恐懼，接受死亡本身是自然的，但是現代文化對死亡的看法卻是焦慮的。理解並接受死亡，可以幫助更多人關注自己的日常生活,而這將為整體的健康與壽命帶來正面影響。[12]

擁抱跨世代主義

最重要的是,如今無論年齡大小,大家都在找尋有助於提升生活品質的產品與服務,愈來愈多這類產品出現在健康領域。因為有更多人希望掌握自己的健康,在有生之年控管自己的生理數據。他們曉得,諸如飲食控制、運動,再加上科技輔助,不只能導向更健康的生活,也能減緩生理衰退。其中有許多人年紀較長,一些大企業便推出在上個世代看起來像是科幻小說中的創新產品與服務,來因應這些人的需求。

比方說,蘋果手錶這類電子裝置就能幫使用者更好地掌握健康。將近 80% 的擁有者利用它來追蹤個人健康,也有愈來愈多人用這種穿戴式裝置來監控自己的生理數據,管理慢性病,包括睡眠中止、心房顫動、糖尿病與高血壓。[13] 這是有道理的,因為蘋果手錶的客戶雖然約有一半是 35 到 55 歲的族群,卻也有三分之一的使用者超過 55 歲。[14] 如果不分年紀來看,在美國使用手機健康應用程式的人數,在一年內躍升超過 25%,從 2019 年的 6,900 萬增加到 2020 年超過 8,700 萬人。[15]

2020 年，蘋果公司加大了對健康的關注，把健康放在更中心的策略位置，增加新功能，包括測量使用者的血氧濃度，以更清楚自己整體的健康狀態。血氧濃度代表紅血球從肺部運送到身體其他部位的氧氣百分比，顯示含氧血液在全身輸送的情況。這是特別值得注意且因應時代需求的創新科技，因為新冠肺炎會使一些人的血氧值降到危險水平，造成生命威脅。蘋果公司也推出健身應用程式 Fitness+，使用者可以把健身課程（直播或預錄）連結到所有蘋果裝置上。

這種對健康指數與監測的興趣，可能是美國 65 歲以上男性比其他人口族群花更多錢購買蘋果裝置的原因之一，另一個原因也許是為自己的兒孫、甚至曾孫購買這些裝置。無論如何，我們無法忽略高齡客戶存在的事實，他們正在為自己和家人做出重要的購買決定，展現經濟實力。

涉足健康與生物數據監控市場的公司，不只蘋果一家，派樂騰相對來說是家較新的公司，成立於 2012 年，專注於健身器材和媒體。2019 年底，因一場引發網友關注的性別歧視廣告而聲名狼藉。2020 年，許多健身房因為疫情而暫時或永久關閉，派樂騰很快成為家喻戶曉的品牌。這家公司在 2019 年首次公開募股時，情況並不穩定，現在市值已經超過 100 億美元，而且有愈來愈多家庭購買他們的產品，包括白宮。派樂騰目前有超過 300 萬的訂閱者，其中至少 100 萬是網路連結健身（connected fitness）的訂閱者，年增長率達到 113%。[16]

少有人注意的是，雖然派樂騰的產品外觀和質感可能都很「年輕」，但目標用戶並不是只鎖定年輕人。根據一份 2016 年與派樂騰前執行長約翰‧佛利（John Foley）的訪談，20 到 30 歲出頭的年輕人比較有時間與欲望上健身房，以及購買精品健身課程。[17] 統計數據也支持這個觀點：美國的健身房會員中，千禧世代占 33%，X 世代 24%，嬰兒潮世代 22%，剩餘的 21% 為 Z 世代和沉默世代（Silent Generation，譯註：指戰後嬰兒潮之前的一個世代，即約 1928 到 1945 年出生的人）。[18]

年輕人也可能因為派樂騰的售價下不了手，因為相關產品大概從 2,000 美元起跳，還要再加上課程的月費。因此該公司的目標客群是跨世代的，也就是 35 到 65 歲（或更年長）、有工作且通常有小孩、收入較高、擁有較大房子的人。他們通常有餘裕和興趣維持健康，但少有時間上健身房，即使在非疫情期間也是如此。

蘋果和派樂騰都將較年長的客群納入他們商業策略的核心。此外，他們用多元視角來思考客群，不以特定的年齡或世代來歸類客戶，而是依據客戶的消費能力及他們盡可能保持健康的目標來分類客群。這樣的公司愈來愈多，蘋果和派樂騰只是其二，這些公司明白高齡客群的重要，擁抱跨世代主義。

打造橫跨世代的新能力

雖然可以透過改善行為來保持健康更長時間，但視力仍不免最先衰退。有四分之三的人口需要視力矯正，且年紀愈大愈可能需要配戴眼鏡。老年人更容易因老花眼要戴眼鏡矯正。

直到最近，老花眼還只好發在 40 歲以上的人，因為眼睛的內部結構會隨著年紀增長而自然變化，晶體失去調節不同視距的彈性。

將老花眼鏡這類曾被視為老人專用產品正常化，是開拓超高齡新興市場的方式之一。卡帝斯眼鏡（Caddis Eye Appliances）就開始挑戰老花眼鏡不酷、也不應該很酷的認知，重新設計眼鏡外觀，刻意打破年齡刻板印象，但功能幾乎與 800 年前、13世紀威尼斯工匠開始製造的「眼用圓形玻璃」差不多。[19]

卡帝斯的不同之處在於，他們刻意將真實的老年人納入設計、行銷及傳播中，而不是過去幾十年來廣告中塑造出來的那種刻板形象而已。他們甚至採用大膽的方式，在廣告中積極嘲諷對年齡的成見。我最喜歡他們的電子郵件信箱帳號 helpivefall enandicantgetup@caddislife.com，這個帳號名稱是仿效 1980 年代的電視廣告「救命警報」（Life Alert）。這是一家全國性公司，迄今仍提供幫助老年人聯繫緊急救援的服務，例如消防局或警察局，品牌標語是「救命！我跌倒了，站不起來」（Help! I've fallen and I can't get up），畫面搭配一位年長女士跌坐地上無助揮動手臂的圖片，在長輩之間製造恐懼。

卡帝斯的創辦人兼執行長提姆・帕爾（Tim Parr）跟我分享過，他和團隊很訝異竟然沒有人利用目前人口與文化的組成變化。「推出這個品牌的一個有趣想法是，可以分析我們（作為一個文化）是如何走到這一步的，」他這麼告訴我。「企業文化內、當然還有流行文化的軌跡上，到底發生了什麼事，才會容許這樣一個空白存在？」帕爾不只在他的眼鏡品牌中看到解方，在其他類別的行銷和品牌定位上也是。

看東西必須戴眼鏡不再是老年人的專利。拜科技創新之賜，現代人長時間近距離使用螢幕，近視在年輕人之間變得更普遍。人們長時間觀看數位裝置的結果，導致眼睛過度疲勞而無法聚焦。看準市場的趨勢，也有其他眼鏡公司積極鎖定高齡顧客和不同世代。

成長穩健的千禧世代品牌沃比帕克（Warby Parker），10多年前攪動眼鏡產業一池春水，現在也開始銷售老花和多焦鏡片。2020年底，總部位於紐奧良的眼鏡新品牌克魯（KREWE），在極潮系列中推出老花眼鏡；過去戴過他們產品的名流包括碧昂絲、小威廉斯、吉吉‧哈蒂（Gigi Hadid）、布蕾克‧萊芙莉（Blake Lively）、艾瑪‧華森（Emma Watson）、坎達‧珍娜（Kendall Jenner）、席琳娜‧戈梅茲（Selena Gomez）、大衛‧伯恩（David Byrne），以及小韋恩（Lil Wayne）。

這些公司把經典產品變得更好了，不但解決了某些產品線中存在已久的年齡歧視，同時加入特色以吸引更廣泛、世代更多元的受眾。

顧問公司晨間諮詢（Morning Consult）每年都會公布這些公司的排名，他們發現，遠端會議軟體服務商 Zoom 在 2020 年占據所有年齡族群的主導地位，主要是因為疫情期間的聯繫需求。他們的報告顯示，有些公司具有橫跨世代行銷的獨特能力。2020 年，這些公司包括疫情期間的明星隊，像是線上與應用程式生鮮雜貨配送平台 Instacart，以及由 NBC 環球集團提供的媒體串流服務「孔雀」（Peacock）。[20]

而在 2019 年，情況截然不同。嬰兒潮世代之間的頂尖品牌，包括一些一般認為較受年輕消費者歡迎的品牌，例如植物肉製造商 Impossible Foods、智慧型門鈴與家用保全公司 Ring、直送到府床墊公司 Purple，以及氣泡酒品牌 White Claw。

另一方面，年輕一代的消費者也喜歡傳統品牌，像是哈根達斯冰淇淋、Jif 花生醬、蔬果生產商都樂食品公司（Dole Food Company）、藥商拜耳（Bayer）、藥妝店沃爾格林（Walgreens），還有以探險為主題的媒體國家地理頻道。

這些研究都顯示，吸引年長及不同世代的消費者非常有價值。在這段轉型時期，企業有三個選擇：一是冒險什麼事都不做，還盼望可以存活下來；二是為了新客群進行改造和重組；三是思考如何吸引更大族群。願意在設計和行銷方面考量不同世代需求的企業，才會是最大贏家。

重新定義高齡形象

我們對於老年人的態度已經開始改變。老年人在流行文化中愈來愈引人注目，而且不僅僅是在他們已經占據幾世代之久的那種傳統空間。他們愈來愈酷了，這在社群媒體上最為明顯。許多 IG 奶奶（Instagranny）如雨後春筍般竄紅，雖然當中很多其實並不是奶奶，但她們歡喜接受這個詞彙，不畏於展示並炫耀年紀。

　　我最早接觸到 IG 奶奶，是透過紐約攝影師艾里・賽斯・柯恩（Ari Seth Cohen），以及他之前經營的部落格「先進風格」（Advanced Style）。柯恩尋遍紐約和世界各地的街道，到處拍攝穿著狂野色彩、花俏美麗衣著的年長女性。他與部落格同名的書籍非常暢銷，IG 帳號（@advancedstyle）有將近 30 萬人追蹤。柯恩藉由許多方式對世界傳達年長女性的美麗和價值，因為傳統媒體，特別是時尚相關媒體，長年忽視這個族群。

　　琳恩・斯萊特（Lyn Slater）是時尚網紅之一，她更為人所知的是她的 IG 帳號 @iconaccidental。斯萊特是美國福坦莫大學（Fordham University）社會福利研究所教授，在 IG 上有超過 75 萬的追蹤者，不只經常在時尚領域擔任模特兒和寫作，更經常為某些大廠牌代言，包括樂鎷普羅賽克氣泡酒（La Marca prosecco）、萊珀妮（La Prairie）、Canada Dry 薑汁汽水、楷思培（Kate Spade）、跨國金融服務公司 Visa，以及瑞士精品 Bally。

　　比斯萊特更令人印象深刻的是，追蹤人數超過 80 萬的日本夫妻 Bon and Pon（@bonpon511）。他們以彼此搭配又超級可愛的穿著而爆紅，影響力大到已經出版了兩本書，又受邀為東京著名的三越百貨公司開發一個時尚系列，在 2018 年推出。

　　若從追蹤人數來看的話，影響力更大的是使用抖音中文版的「時尚奶奶」。「時尚奶奶」是幾位年長的中國婦女，穿著旗袍為號召，在中國和世界各地取景拍攝，追蹤人數超過290萬，其中許多是年輕女性，認為她們正在為新世代重新定義「大媽」的形象。

　　就我看來，時尚網紅中的祖母級人物是海倫・蘿絲・伊拉姆（Helen Ruth Elam），她更為人知的是 IG 名稱「壞女孩溫克」（@baddiewinkle）。伊拉姆在 85 歲時受到孫女的鼓勵和幫助，開始她的社群媒體生涯，如今已有 360 萬追蹤人數，最有名的口號是「從 1928 年就偷走你的男人」。壞女孩溫克曾在兩大化妝品牌系列中亮相，也曾穿著膚色亮片緊身衣褲出現在 2016 年的 MTV 音樂大獎典禮上。2017 年她發表著作《壞女孩溫克的人生指南》（*Baddiewinkle's Guide to Life*），並定期與思維卡（Svedka）伏特加、寶麗萊（Polaroid）相機，以及卡斯珀（Caspar）床墊等品牌合作。

　　這些社群媒體達人之所以獨特，不只是因為他們有非常可觀的追蹤人數，更因為追蹤者多是年輕人，也許這是因為每個人都希望對未來抱持美好願景，至少我是這樣的。這些網紅也證明，有愈來愈多的企業認為，年紀——尤其高齡，是一種資產，更甚於是負擔。這些網紅利用他們的線條（也就是皺紋），透過贊助、出書和業配，展現莫大的影響力。

這些長輩讓年輕人看見，他們可以帶著尊嚴與目標過更長壽的人生，並在已經到達或超過傳統退休年齡時，仍然與時俱進，這對千禧世代和 Z 世代來說益發重要。過去，他們眼見父母、祖父母輩的正常生活軌跡正在消逝，並且是已持續超過一個世代的趨勢；如今，他們看到新的人生階段出現，因而能夠想像一個打破傳統的未來。

中高齡族群正在崛起

隨著壽命不斷延長，人們勢必有機會做更多事，也可能需要工作更久。新的人生階段可能就此出現，就像 1950 年代開始有青少年和退休族一樣。

中高齡族群（middle-plus）正在興起，這群人大約是中年階段，但年紀延伸到傳統退休年齡。我認為這個族群大約是在 50 至 74 歲之間，但年紀只是一個參考。中高齡人士可能更年輕或更年長，只要符合某些基本條件即可，例如工作狀態，以及是否還有孩子住在家中。

我在 2000 年代初期，檢視 50 歲以上的女性人口統計資料時，注意到這個年齡層在擴大。尤其我觀察到，50、60 歲的女人可以同時是母親也是祖母，當中還有許多人有全職或兼職工作。這代表了長壽的未來、消費格局的轉變，以及中高齡族群崛起。市場區隔不該只與年齡相關，更重要的應該是生命階段，包括經濟狀況、健康狀況、未來前景等，畢竟把人與年紀掛勾已經過時了。不管一位母親是 16 歲或 60 歲，都會需要養育孩子的合適工具。

智威湯遜（Walter Thompson）廣告公司近期的研究，正呼應了這些觀察。[21] 這間公司發現，「55 歲的女性可能是祖母也可能是新手媽媽、是大學畢業生或企業家、是狂野的機車騎士或馬拉松跑者。她的生活型態並非由年紀主導，而是價值觀與在意的事物，也就是她的熱情、抱負和目標。」[22] 不僅如此，這間公司的觀察幫我證實了，這不是只出現在美國的新人生階段，而是全球都有的現象。

整體來看，中高齡族群是一個仍有經濟活動且渴望成功的群體，這表示他們從事某種工作且充滿活力。他們可能有需要支援的孩子和孫子，也可能是自己父母的主要或次要照顧者。他們只是恰巧年紀稍長，並且像我父親一樣，可能在傳統的中年（45 至 65 歲）或之後遭遇某些健康問題。

　　與大多數人一樣，他們很怕被視為體弱、失能、老邁或年長，所以會盡一切努力來消除這個看法。他們有資源可以購買產品與服務，來提升自己及周遭人的生活品質。他們比平均水準更富裕，因為有能力從事較高薪的工作，在儲蓄策略上也更積極主動。

　　企業應該要開始考慮這個消費族群的需要，因為他們與前幾個世代不同，這個族群對數十年來高齡市場上的米白色調、功能重於形式、設計不夠精良的產品與服務不感興趣。他們正用荷包誘使眾品牌為自己活力十足的生活進行設計，同時堅持產品必須為他們量身打造，或至少得把他們放在心上。

　　企業也應該要夠聰明，不能因為人活得比以前更長壽，就以為長壽的人都老了，畢竟年齡只是一個數字，中高齡消費者不喜歡被視為年老體弱。超高齡時代自始至終，都在顛覆生與死的各個面向。這對人類來說將是一個極度複雜又充滿轉變的時期，為企業帶來龐大商機，讓它們的眼界不被年齡所限，而專注在消費者的企望與需求上。

　　有些公司已經開始這麼做了，但市場上還有許多空間可以讓其他公司加入，以滿足年齡日益多元的人口的需求。

第9章

發揮高齡優勢

> 將年長員工視為資產，可以避免組織在未來面臨技術
> 短缺的問題，也能打開年輕員工的心胸，了解不斷成
> 長的高齡消費市場。

　　新冠肺炎大流行期間，一些富有創新精神的組織正在進行
的許多職場轉型，在短短幾個月內都變成了現實。工作場所發
生了永久的變化，但有兩件事如常：職場的世代組成持續在改
變，以及高齡人口的勞動參與率不斷增加。

　　彈性工時、在家遠距工作很明顯是可行的，而且應該被鼓
勵，特別是對那些身為照顧者的員工，不管他們照顧的是孩
子、所愛的人或父母。這些人在疫情前常是被遺忘的一群，經
常被迫要在家庭與工作中做抉擇。雖然彈性工時與在家工作有

時對於管理者來說是一大挑戰，但這樣的安排是可能的，有助於導向更大的生產力。而需要負擔照顧責任的員工，未來也有可能要求彈性的工作安排。

疫情之後，實體工作場所可能會有很大的不同。辦公室或許將縮減實際面積，限制空間主要的用途為實體會議與協作，至少短期內是這樣，而這可能將重塑商業區與交通網絡。企業可能要使用許多健康科技來監測員工的體溫、改善空氣濾淨系統，辦公室配置也要擺脫設計不良而令人討厭的開放式格局。

在家工作的成功，證明數位轉型不僅對中小型、大型企業是可行的，對所有組織也有其必要。這個改變顯示，分屬不同世代的員工能在數位空間中相互連結和合作。年長員工將展現出更大的韌性，也有膽量承擔挑戰。

正如任仕達集團（Randstad Holding）總裁賈克‧范德波洛耶克（Jacques van den Broek）告訴我的：「在疫情中，科技使人人平等。」而工作成果比產出者的年齡更為重要。

直接面向客戶的企業被迫調整模式來適應數位市場，也許是透過線上，也許是透過應用程式。他們開始思考與消費者互動的新方式，同時也面臨轉向線上銷售這個令人生畏的任務。企業以新體驗來吸引固有的數位客戶，但也許更令人興奮的是，會有新客戶的支持惠顧，而且當中有許多是首次使用網路購物及隨選即送產品與服務的長輩。疫情可能永遠改變了某些消費行為，例如銀行業務與超市購物，迫使一些企業思考如何吸引數位領域的消費者，有些企業因而僱用年長員工為他們提供建議，以獲得更大的市場占有率。

為勞動力老化的未來做準備

工作場所的設計應該考慮到所有年齡層，也必須因應高齡化的人口需求而做出改變。消費族群涵括愈來愈多個世代，因此中高齡勞動力的占比也應該更大，這些員工可以對創新、產品研發及行銷傳播產生正面影響。

在一個有大量年輕人需要工作的世界，「過了退休年齡還繼續工作」的概念被認為不可行。事實上，退休制度是為了一個年輕人很多、老年人很少的世界設計的，許多國家因而有了法定退休年齡。但在第一批戰後嬰兒潮成為勞動人口之前，65 歲以上的人有超過半數仍在就業，此後不久便開始出現下降趨勢，並於 1990 年觸底至 14%，之後再緩慢而穩定地爬升。

我過去曾負責管理 AARP 的「國際最佳雇主」（Best Employers International）獎項計畫，這是 AARP「對 50 歲以上員工最好雇主」的姐妹獎項，而後者是我的同事黛博拉‧羅素（Deborah Russell）發想出來的計畫。這兩個計畫都致力於發掘並獎勵創造友善高齡工作環境、福利及工作安排有成的全球組織。他們重視所有年齡層的員工貢獻，努力打造世代多元的團隊，以培養創意、創新，以及團隊凝聚力與效率。

我們的團隊認為，未來 25 年勞動力人口組成將發生變化，65 歲以上的勞動參與率成長會最快速，其他年齡層則開始下滑。單單在接下來的 10 年，美國 65 至 74 歲男女的勞動參與率預計將成長 20%，到達略高於三分之一，而 75 歲以上男女的參與率預期將增長三分之一，將近 12%。[1] 這個現象不只限於美國，1990 年之後，全球 65 歲及以上的勞動力參與率已經翻倍，預計還會繼續成長。

我們意識到，如果沒有採取任何行動來培養年齡多元化的勞動力，許多有專才的勞工將會退場，而且通常不是出於個人選擇。保守的估計是，在這個 10 年剩餘的時間中，每天將有多達一萬名嬰兒潮世代的人退休，還有更多人因為疫情和隨之而來的經濟衰退，被迫離開職場。這些具生產力的員工退出勞動力，可能會減少企業的經濟機會；對國家和各州各城來說，失去納稅公民帶來的問題更大。

在國際最佳雇主獎勵計畫中表現突出的組織企業，會採用技能發展、知識轉移與輔導等方式，來留住中高齡員工。有些組織則投資在所謂的軟實力，打造更好的工作環境，其中包括溝通、團隊合作、適應能力、問題解決能力、批判思考、解決衝突，以及團隊建立，這類技能是轉型至超高齡時代的職場所必備的。獲獎機構的特點是，在地理與產業上具有多樣性，分布各地，不論城鄉，而且旗下低技能與高技術的員工都有。

兩個計畫中最大的驚喜在於，當中不僅有大型組織與全球消費品牌，也有小型家庭企業的積極參與。美國得獎者主要與學術機構或大型健康照護機構有關，例如我的母校美利堅大學和退伍軍人健康管理局（Veterans Health Administration）。S&T銀行、全球輪胎製造商米其林也都是得獎的常勝軍。AARP甚至正式與其中一位得獎者，也就是居家裝修的巨頭家得寶（Home Depot）合作，召募年長員工來推廣居家改造。所有得獎機構都僱用超過傳統退休年齡的員工，使組織更有生產力、提升產品選擇和收益。

最重要的是，我們的團隊在 2000 年代初期就發覺，當時還只在少數國家開始發生的人口結構劇變，將很快就會蔓延到美國，而這將會顛覆我們的勞動力。某些職業，例如護理，已經出現人力危機，而其他如科技產業則有大量的求職者。對那些勉強才能召募與留住適任員工的產業來說，新聘或重新僱用年長員工變得極為重要。

追求年齡多元化的組織將更有韌性，可以發展並提供更好的產品與服務。在某些組織中，納入年長員工反而能看見產品與服務設計上的瑕疵，以及行銷與溝通方面的失誤，同時也會發現新商機。

雖然國際最佳雇主獎不復存在，但 AARP 已為僱用高齡員工的公司建立一個自我報告計畫，名為「AARP 雇主承諾」（AARP Employer Pledge），並且贊助以長壽經濟為主題的重要原創研究。AARP 也與 OECD、世界經濟論壇合作（兩個關係皆由我協助建立），開發新聯盟「LLEL」（Living, Learning, and Earning Longer，意即更長久的生活、學習及收入），這是一個邀集全球 50 家大公司的學習協作組織，讓成員分享有前景的實際做法，並在出現知識落差之處協力開展新研究，以幫助雇主建立、支持並維繫世代多元的勞動力。這是很有展望的工作。

參與由 AARP 與其他領先組織推動的高齡員工計畫的公司都明白，超高齡時代正在改變開展業務的方式。同時，如果能把高齡員工納入多元及包容策略中，將迎來大好的機會。將老年人視為資產來對待，可以避免組織在未來面臨技術短缺的問題。這種做法也能打開年輕員工的心胸，讓他們了解不斷成長的高齡消費市場。

建立世代共融職場文化

世界上幾乎每家公司都僱用了多個世代的員工。如今，一個「正常」組織會包含三到四個世代，有些公司的薪資名冊上甚至有五個世代：沉默世代、嬰兒潮世代、X 世代、千禧世代，以及最年輕的 Z 世代員工。當美國和大多數其他國家都進入超高齡時代時，阿法世代（Generation Alpha）最年長的成員將進入職場，有些組織屆時將有跨越六個世代的員工。

這種世代多元可能為管理者、人力資源部門帶來新挑戰，但不管員工的年紀多大，都可以採用多種策略來激發他們的潛力，這個改變也可以創造出許多協作的機會。不過，許多組織需要重新思考攬才留才的基本原則。雇主和員工都應該要考慮工作的未來與本質、科技的影響，以及益發明顯的世代多元性。這有助於培養出一種有韌性的文化，利用世代差異造福整個企業，而不僅是獲利。

現實是，各個世代想要從生活中獲得的大致相同，像是個人成就、令人滿意的關係、財務安全，以及能夠掌握自己的選擇。他們也希望當自己的需要隨著歲月變化，能夠得到雇主的支持。然而，不同世代的員工成長於不同時代，面臨不同的挑戰與機會，接觸各類型的科技（類比、數位及人工智慧），使得他們的觀點與技能可能有所不同。了解這些差異並善用務實的方式，是打造高效能勞動力的關鍵。多數公司也同意，將員工差異性納入考量，可以使業務更強健。

諮詢機構顧能（Gartner）的一份報告指出，2022 年在決策團隊能反映多元包容文化的公司中，有四分之三可以超越自訂的財務目標。這份研究發現，性別多元且具包容性的團隊，表現平均比包容性較低的團隊高出 50%。[2] 在多元、平等與包容性（DEI）策略中，年齡應該如同種族、性別與性取向一樣重要，但事實往往並非如此。

員工也希望在世代多元的環境下工作。全球人力公司任仕達發現，有將近九成的員工偏好在年齡多元的團隊中工作，「或許反映出，他們可以從比自己年長或年輕的同仁身上，得到不同的意見與見解。」[3] 有 85% 的員工相信，世代多元有助於創造並發展有意義的問題解決方案。

儘管世代多元的勞動力是業務發展與成功的關鍵，[4] 全球卻僅不到一成的公司將老化納入 DEI 策略。[5] 更糟糕的是，全球有超過三分之一的公司仍持守強制性退休年齡。企業與其領導者若不積極吸引中高齡員工，打造具世代包容的勞動隊伍，最終將自斷通往成功之路。公司管理高層、董事會與小型企業主有責任引領這些變革，事實上這些成員往往也是較年長的工作者。

2012 年以來，美國最大公司執行長平均年齡已從 45 歲上升至 50 歲；[6] 自 2005 年至今，最高管理階層首次聘用的平均年齡也已上升 15%，從 45 歲提高到 54 歲。[7] 在《哈佛商業評論》「全球最佳績效執行長」的年度榜單上，執行長平均是在 45 歲開始其任期，且已任職 15 年。[8] 這代表許多最優秀亮眼的人才，已經要邁入 50、60 歲，甚至更大年紀。各產業執行長的平均年齡是 58 歲，其中金融服務業的執行長平均年紀最高，為 60 歲，而最年輕的科技領域是 55 歲。此外，資訊服務公司益博睿（Experian）的研究發現，除了主要企業的高階主管，美國小型企業主的平均年齡都超過 50 歲。[9]

你可能以為，這些主管與小型企業主會認為自己的經驗對組織運作很有價值；你也可能相信，這些人會明白年長員工的貢獻很重要。然而情況往往是，只有少數企業領導者在超高齡時代勞動力轉型的過程中，有遠見與欲望去釋放這些年長員工的潛力。尤有甚者，公司延遲採取行動，直到他們眼見超高齡時代成為不可否認的事實。

幾年前我到德國演講時，就見證到企業迎頭打擊年齡歧視的力量。德國汽車製造商賓士推出了一個名為「嘿，老兄」（Hey, Buddy）的實體和線上展覽，用來教育大眾和員工，使他們了解德國境內人口組成的變化。展覽中有許多工具，幫助數萬名參觀者與數千名員工改變他們對老化的觀點，強調高齡世代對企業與德國社會的影響力。

這個計畫由賓士營運長馬可斯・薛佛（Markus Schäfer）領導，並在全公司做了人口組成的調查。他鼓勵員工與管理階層，就團隊中的世代多元性進行開放對話，以找到方式鼓勵並促進世代間的合作。這是一個聰明的行動，但也是因為賓士意識到他們需要年長的員工（當時賓士員工的平均年齡超過 45歲），未來才能與其他車廠競爭。

「嘿，老兄」計畫的成果之一是，使人認識到世代之間的確存在差異，但這些差異不該被視為弱點，也不該歸咎於年齡。用來預測工作表現的技能，也就是知識與專業，在員工年輕時茁壯成長，一直持續到傳統退休年齡之後，有時甚至超過平均壽命。也有證據顯示，某些對習得新技能極為重要的特質，如動機與好奇心，到晚年都還持續存在。

如果類似的倡議可以在整個產業或經濟體中開展，將帶來革命性的影響。不僅會有更多人投入工作、貢獻經濟，人們所生產出的許多產品與服務也將更能反映社會的世代多樣性。幾乎在每一個面向上，年長員工都能對這個改變做出貢獻。

一份針對 20 項研究、涵蓋將近兩萬名員工的分析顯示，有關工作態度上的世代差異非常少，在不同年齡或世代中，都沒有普遍存在的刻板印象。[10] 當然，在職涯中發展出的需求、興趣、偏好會有所不同，但很少有取決於年齡或世代的全面差異。

事實證明，年齡並不是預測工作績效、員工需求的最佳指標。雇主應該要重新考慮召募並留用他們認為可能「太老」或「太年輕」的員工的方式。要問的應該是：現任或未來員工是否具備完成工作的技能。此外，他們也應該養成拒絕一種觀念的習慣，就是員工可能會「太有經驗」而不適合某項工作。根本沒有這回事。

重新考慮福利方案，以便更能納入員工各個生命階段的需求，這才是明智之舉。提供完整福利待遇的公司，可以吸引到更多人才，甚至將現行制度的名稱與範圍稍做更動，例如產假、育嬰假，來納入所有身負照顧者責任的員工。這對日後可能想要或需要承擔祖父母責任的員工來說，是很重要的。

用人唯才，不問年齡

從上世紀中葉之後，召募年齡多元的人力，對企業而言一直是個挑戰，主要是因為企業領導者（包括負責召募的主管和人資專員）在召聘廣告與面試中，會不自覺使用有年齡歧視的語言，以及不必要的評估方式。比方說，「工作年資」可能就是對應聘者工作能力最愚蠢的一種衡量標準。其他常見的求才用語，像是「熟悉數位科技」也會有反效果，因為目前大部分的員工都已經使用電腦與網路好一陣子，就算不是整個職涯，至少也是大部分時間。詢問出生或大學畢業日期，除了讓求職者感到焦慮，也沒有多大用處。

有些企業刻意召募較高齡的員工，因為他們看到超高齡時代有大好的市場機會，也意識到公司現存的人力中缺乏相關專業知識，或是沒有正確的年齡組成以設計出符合客戶需求的產品與服務。這包括中國等國家的企業，很多人還以為中國是個年輕的國家，事實上到了 2030 年，中國將有近五億人口超過 50 歲，其中有一半超過 65 歲，平均年齡比美國「更老」。

中國的零售巨頭淘寶，是全球瀏覽次數第八大網站，也是中國最大的零售網站。淘寶深刻了解這點，也已把高齡人口納入商業策略，不論面對顧客或員工都是如此。2018 年，淘寶宣稱擁有 3,000 萬超過 50 歲的客戶，大約是中國 50 歲以上人口的 7%。[11] 為了增加在市場上的影響力與市場占有率，淘寶貼出一則「資深廣場舞者」的廣告，召募願意對公司新產品與服務的用戶體驗提供建議的人。[12] 廣告中表明，要以年齡來找尋目標人口群（60 歲以上）的成員，但更聚焦於社群中具有影響力且至少有一年網路購物經驗的個體，結果第一天就收到超過 1,000 份應徵申請，淘寶長青學院也僱用高齡員工，來幫年長的網路購物新手增進數位技能。[13]

有些公司則把中高齡員工放到銷售體驗的最前線。英國 DIY 居家營繕公司特力屋，在 30 多年前就開始一項年齡多元的先驅計畫，讓英國柴郡麥克斯菲爾德（Macclesfield）的店內全是 50 歲以上的員工，結果帶來更多的收益、更高的留任率，以及顧客服務的提升。此後，僱用年齡多元的員工成為特力屋商業策略的核心，鼓勵 300 間分店僱用能反映當地社區人口組成、特別是 50 歲以上的員工，其中很大原因是顧客需要有 DIY 經驗的員工協助。[14] 這個方法的附帶好處是，可以避免員工流動的高成本，這是在年輕員工中普遍存在的問題。

即使在日本，傳統工作文化擁護退休而拒絕留用年長員工，企業也開始大步前進，三菱重工正是如此。他們在 2016 年創設「三菱重工管理專家」（MHI Executive Experts）公司，專門僱用已屆齡或超過退休年齡的三菱重工員工，包括工程師、經理，乃至管理人員，然後把他們當專家派遣，針對公司目前的計畫與業務給予建議。[15] 這些員工提供多年的智慧與專業知識，對新進員工進行在職訓練、支援與指導，有助於三菱培育新一代員工，降低風險，強化公司的管理結構。

三菱重工的做法很重要，因為展現了留用與傳遞組織知識的必要性。在勞動力的發展中，這個重要步驟太常被忽略，任由年輕員工自生自滅。這種近乎一退休即再僱用的計畫，解決了日本強制退休的過時模式，將年長員工過渡到彈性的工作情境。這種做法幫助三菱重工在注入年輕員工的技術與方法時，也留住重要的製造技術與工藝，充分利用新進與退休員工的優勢，使公司與產品更進步。

改善職場環境以延長工作壽命

技術人力的短缺，促使製造商不只要思考召聘做法，更要將資金投入能夠造福所有員工，同時延長他們工作壽命的環境。德國車廠保時捷在萊比錫的工廠（也就是製造出讓我父親在中風後仍有獨立行動力的工廠），就做了這樣的投資，確保他們的設計能以員工的長壽為重要考量。[16] 保時捷的工廠設計並非順應年長員工本身，而是以人為本，讓車輛的整個生產過程更符合人體工學，減少對身體的負擔。

這些創新包括提供員工 Herman Miller 等級的辦公椅、讓員工不必彎腰就能滑到車底旋轉汽車底盤的機械裝置，以及吊帶式的外骨骼穿戴裝置，減少員工因重複抬頭工作而造成肩膀和上臂緊繃。員工工作時，是從一個工作站換到下一站，每站不超過一小時，以減少重複單一工作可能造成的身體磨損。

保時捷的做法讓每個生產線員工都有更好的製造體驗，這樣的勞動對身體來說也不那麼繁重。車廠的設計考慮到汽車製程中的所有環節，大大小小的投資使員工能夠更輕鬆地製造出高性能車輛。這種方式不僅提高產品品質，更有助於延長工作壽命，年輕員工也有機會目睹年長同事可能面臨的現實，產生共鳴和意識，進而提高對高齡消費者的理解。

這個例子可以說是很極端且成本極高的，但保時捷的支出有其商業考量，公司預期這會在員工留任與產品整體品質上收到回報。許多公司沒有保時捷這種先見之明，更沒有能力投資數千萬元或甚至更多，來打造符合超高齡時代需求的工作環境。然而，這不表示企業組織就不能做出改變，把握這個時代的機會。我見過一些經過驗證的做法，透過人體工學、福利與教育，將整個生命歷程納入考慮，而這些是今日幾乎每個企業都可以執行的。

工作場所的改善，不只讓辦公室、工廠或農場的年長員工感到更被接納與歡迎，所有世代的員工也都會有同樣的感受。這些改善措施換得員工的滿足，進而換來更好的工作表現與留任率。

主動支持員工整個生命階段

企業還需要考慮，超高齡時代年齡多元的員工需求，將會與主要由年輕員工所組成的人事有所不同。比方說，將近四分之三的成年人家中沒有子女，而這個數字勢必還要上升，但許多組織的政策仍舊只對有父母身分的員工有利，非父母的員工則沒有。

在超高齡時代，人們會延後生育或不生育，這將是員工需求轉變的其中一個面向。已經有產假、育嬰假等制度的企業，應該要考慮提供其他種照顧責任的假別。公司需要回應員工需求，盡可能提供更彈性的工作時間表，以及照顧家庭、朋友甚至是寵物的假別。雇主要開始處理有父母身分和沒有父母身分的員工，在時間和金錢上，因為受到不同待遇而造成的不平衡。

現實是，只要財力足夠，任何企業都能打造出最前衛、配備最新科技的工作場所，但少有組織，或說只有最好的組織，才會直接投資在員工身上，考慮他們整個生命歷程的終身學習、財務報酬，以及福利制度。我發現，員工敬業程度最高的情況，通常是雇主願意同理激發出來的，因為雇主認識到在員工生命的不同時期，工作以外的優先次序會有所改變。容許員工敞開心胸與管理階層討論面臨的壓力，可以帶來積極的解決方式，提升留任率，使最優秀的團隊成員保持積極，為企業奉獻更長的時間。

澳洲西太平洋銀行（Westpac）就是這麼做，在員工的各生命階段主動提供支持，做得也許比世上任何公司都好。[17] 在2000年代初期，西太平洋銀行的管理階層意識到，召募與留住銀行出納員有困難，那時的行員多半是年長女性。他們發現，許多員工遭遇的挑戰是，如何在工作與照顧孫子女的需要之間取得平衡。

西太平洋銀行以讓員工參與對話的方式，來回應他們的需求，成為第一個提供祖父母假的公司：主要照顧者到孩童兩歲前可以申請長達 52 個星期的無薪照顧假。西太平洋銀行也提供即將退休的員工彈性工作安排，以及過渡期間三天有薪假從事與日後退休相關的活動。此外，還提供員工各種工具，幫助他們規劃過渡到退休階段的方式，也在他們工作生涯中為各種可能的理由提供彈性，像是容許員工申請長達 12 個月的有薪「職涯休息假」（薪水分攤至四年中），或者不計理由的 3 到 12 個月無薪假。這可能是至今為止延長工作生命最先進的思想，也是最體貼人性的實踐。

美國有些公司也注意到了這一點。CVS 健康公司附屬的藥品福利管理公司 CVS Caremark，就提供了「候鳥專案」（snowbird），每年冬天讓原本住在北方的年長藥師與其他員工，調派到佛羅里達或其他溫暖地區的藥房工作。[18] 優比速快遞（UPS）歡迎他們稱為「校友」的已退休員工，在節慶假日期間回鍋工作，讓公司得以在年度最忙碌的時節擁有受過訓練的人力。[19] 全球輪胎製造商米其林則有一個「退休前」計畫，容許 55 歲以上的員工可以轉為半職工作。[20]

總之，超高齡時代的人生將會有更多留在工作崗位上的時間。企業可以透過福利制度，好好地支持員工的生活轉變。然而，對公司與員工來說，更大的挑戰，同時也是更有前景的一個機會，是在員工的職涯中保持他們的硬技能和軟實力。這需要雇主與員工雙方在教育、訓練及發展上的投資。像我常說的，如果公司願意定期投資，維護硬體建物和設備，也應該願意對人力資源做出同樣的投入才對。

積極投資教育與訓練

我們的教育方法，主要以中古時期的模式為基礎，本來就成效不彰，對於延長工作壽命沒有幫助。對年長員工來說，隨著他們離開大學或見習課程愈久遠，教育與訓練就愈顯得重要。

一般而言，年紀大的員工比年輕員工更能長時間待在工作崗位上，通常也被認為更加忠誠。以美國為例，2020 年 1 月，55 到 64 歲員工年資的中位數（9.9 年）是 25 到 34 歲員工的三倍多。[21]

這些現實都需要企業內部進行典範轉移，在員工生涯最後五到十年的教育訓練投資，應該等於或超過最早五到十年的投資。這樣的投資應該要貫穿員工整個生涯。[22]

教育訓練在公共部門尤其重要，因為這裡員工的在職時間是私人企業員工的將近兩倍之久。根據美國勞動部統計資料，

2020年1月公部門職員的年資中位數是6.5年，比私人企業的3.7年高許多。[23] 年長員工在職的時間往往更長，代表公部門的員工，特別是年長者，很有潛力成為寶貴資產，但他們需要持續接受培訓。不管在職涯早期還是晚期，公部門的員工都必須獲得可以幫助他們晚期成功工具。

企業還應該考慮提供年長員工就業的途徑，包括以往是針對大學生、研究生的傳統實習計畫，以及專門給離開職場的工作者的「回歸計畫」（returnships）。英國跨國投資銀行暨金融服務公司巴克萊（Barclays）在2015年啟動「巴克萊勇敢無畏實習計畫」（Barclays Bolder Apprenticeships），是第一家將此類計畫擴展開放給24歲以上員工的英國公司。巴克萊的領導階層了解，這個計畫對所有人都是有價值的，因此不該設下年齡或社會環境的限制。自啟動以來，這個計畫已經召募超過80名實習生，使該銀行高齡實習生的人數從4%上升到20%。[24] 這是一個了不起的壯舉，也說明了社會對此類計畫有需求。

毫無疑問，提供高齡者實習與回歸計畫是個嶄新的概念，目前少有公司開辦。美國勞動部的「登記實習夥伴資訊資料庫系統」（Registered Apprenticeship Partners Information Database System）顯示，在2008到2019年受僱的實習生，每25人中不到1人超過 50 歲。[25] 隨著更多組織宣傳他們做了哪些事，並展示投資回報，這類計畫在企業環境中將會更常見。

用新思維回應現實

跟有興趣為超高齡時代做規劃的組織合作時，我會要求對方這樣思考：對目前、近期與長期勞動力，以及消費市場的許多假設，有可能在根本上是錯誤的，以至於經常需要挑戰自己對於多元、平等與包容的傳統思維，接受世代差異，以及年長員工可能是資產而非負債的事實。

公司需要將超高齡時代的策略基礎，看成一張三腳凳：第一隻腳是人資方面的做法；第二是研究、設計與創新；第三是行銷與傳播。有遠見的組織知道，如果沒有在聘僱與人資的做法上納入世代多元性，將無法打造出能包容各個年齡的創新設計團隊，傳播行銷策略也可能顯露出年齡歧視與偏見。如果三隻腳中有一隻搖晃不穩，沒有考慮世代多元，整體策略就可能失敗，不能留住或召募到年長員工，造成世代盲點，且不斷出現在產品的生命週期中。

儘管 BMW 被譽為掌握超高齡時代的智者，至少在工作場所與產品設計上是如此，但他們在 2020 年 11 月為新的多功能休旅車 iX 推出的廣告中，卻看似因嬰兒潮世代不喜歡該設計外觀而對他們發出攻擊，暗指他們已經跟不上流行。BMW 甚至在推特上發文：「好了，老兄，你們到底為什麼不想改變？」

BMW 在 2021 年消費者電子用品大展（Consumer Electronics Show）前推出的全球廣告，又加大了力道。在廣告中，全新的 iX 多功能休旅車與 2001 年推出的經典 7 系列車型直球對決，兩輛車咒罵連連的「對話」充滿年齡歧視的暗喻，幾乎要掀起世代衝突。說得好聽點，這些廣告只是令人反感；說得重一點，它們煽動了負面且無任何效益的世代爭辯。

這兩個例子說明了，BMW 沒有意識到在 2020 年購買全新 BMW 房車或休旅車的買家，家戶年收入是 12 萬 4,800 美元，購買者平均年齡是 56 歲，而 BMW 整體銷售額有三分之二來自 55 歲以上的買家。[26] 也許沒有人會想到，iX 車款是在丁戈爾芬（Dingolfing）的廠房製造的，這是 BMW 超高齡時代勞工策略的發源地，廠內任用了該公司最年長、技術最純熟的一批員工。

BMW 的銷售量在 2020 年下滑，無法確定銷售數字與明顯有年齡歧視的廣告之間是否有直接關聯，然而相關性一定是存在的。這家德國車廠三番兩次用貶抑方式來謀求年長客群的注意，這原是可以避免的錯誤。不幸的是，BMW 的例子變成令人再熟悉不過的警世故事：組織努力制訂一套凝聚向心力的超高齡時代策略，最後卻自廢武功。這個故事告誡企業要保持警覺，免得掉進新時代的陷阱中。企業需要全面重新調整，確保各方面都要超高齡友善。

如果有些職場和企業打從根本就有年齡歧視，無視於未來趨勢，那麼有什麼方法可以使它們由內而外做出改變呢？答案是「有的」，但這條路徑是漫長的，充滿其他邊緣族群在公司內部多元、平等與包容策略中曾經面對過的挑戰。有些公司，特別是以青春為核心精神的公司，可能很難將年齡的多元性當做一回事。

職場若要順應超高齡時代，組織思維必須徹底改變，而且是每個環節都必須如此，就像現在為了曾被邊緣化的族群所制訂的多元、平等與包容策略一樣。企業領導者要做的最合理的第一步就是：仔細審視人口統計學上的變化，才能了解這些變化正如何影響公司營收。一旦明白年齡多元化所帶來的經濟效益，就更能回應其中的挑戰，實行漸進的變革與資本改善，從而利用新的職場動能，以及日益擴大的客戶群所帶來的機會。

第 **10** 章

興建適老住所與社區

因應在地老化的需求,政府必須及早端出具體政策,以全齡複合的思考,規劃能夠滿足現代與未來需求的社區。

過去幾年,我持續關注大批高齡人士搬進都會區、郊區老年人口的上升,以及「長青住宅」(這個概括的說法涵蓋了獨立生活到全天候有專職護理照顧,但特別針對年長族群需要的住宅)下降的現象。新冠肺炎疫情帶來新的變數,加速或助長某些趨勢,也挑戰了我對於未來的想法。

早在 2020 年大疫開始之前,各種直接影響超高齡時代住家及社區的未來變革,就已經蓄勢待發。公共與私人領域的領導者必須解決整個建築環境中的人口變化問題。

舉例來說，提供銀髮族住宅需求數據分析的非營利組織「國家老年人住房與護理投資中心」（National Investment Center for Seniors Housing & Care）的報告就指出，31 個主要市場的老人住宅平均住屋率，在 2020 年第三季為 82.1%，較第一季急劇下跌 5.6%。[1] 這樣的衰退也許遲早都會發生，但原本應該是要花較長時間緩慢進行。老年人逐漸捨棄對機構住宅的偏好，這股趨勢正在全球發生。

這樣的轉變為許多新興公司帶來商機，例如美國新創公司 Papa、Home Instead Senior Care 和 Visiting Angels，他們透過專責人員或應用程式提供直送到府、類似管理員的服務。其他如 UpsideHōM 等公司則以現行市場價格，提供一至三房公寓給所謂的樂齡人士（tweeniors），以及 60 至 85 歲之間的年長者，有些人獨居，有些則與室友同住。該公司提供「住宅加服務」的選擇，讓租客可以在多年齡世代的社區中獨立生活。

都市化的趨勢也是全球可見的。雖然過去 30 年間，住在城市的老年人口數下降，但高齡化城市的整體數目卻在上升，這是由於嬰兒潮世代人數眾多的關係。老年人口成長較快速的唯一區域是郊區，此類地區年齡結構的改變，也對教育、勞力及稅收結構產生負面影響。根據皮尤研究中心的報告，「雖然三種郡縣中的人口都在老化，但在美國郊區與地鐵可到達的小型郡縣中尤其快速。自 2000 年以來，郊區 65 歲以上的人口成長了 39%，相較之下，都市郡縣是 26%，農村郡縣則為 22%。」[2]

疫情影響居住選擇

雖然有人認為，疫情可能改變人們要住在城市、郊區或農村的選擇，但要斷定這個趨勢是暫時或永久，仍言之過早。如同前面討論過的，在服務多元性及郊區與農村人口移動便利性方面，還有更多更大的挑戰要面對。移動便利性問題會愈來愈重要，目前交通網絡尚不普及的郊區與農村尤其如此。

過去 10 年，50 歲以上的租屋人數也急劇上升，速度超過其他年齡層。[3] 這可以歸因於偏好的改變，加上大衰退之後的經濟情況，導致人們沒有賺或存夠錢買房。對老年人口居住地區的開發商、公部門，以及企業來說，這股趨勢是獨特的機會。

老年租屋者增加會促使開發商思考，老年人口與現存或新建住宅的互動關係。開發商也要思考如何納入無障礙設計這類元素，在設計中移除或更換使居民無法按自己的需求進入或使用住宅的物品。地方政府也必須考慮建築規範是否足夠，可以支持個體獨立生活更久的時間。

疫情之前的 2018 年，60 歲以上人口已有近百萬搬移至其他州居住，比起再之前的五年增加了約 16%。[4]居住花費高昂的地區，如加州、紐約州，正在流失高齡住民，而南邊亞利桑納、佛羅里達這些生活花費較能負擔的州，人口則持續成長。德州、南卡羅萊納、愛達荷、田納西、德拉瓦也出現成長，這些州紛紛祭出能吸引高齡者的稅賦政策，人口也有增長。

　　過去 10 年，拉斯維加斯、羅里、亞特蘭大、奧斯汀、鳳凰城等城市地區，55 至 64 歲的人口成長率都是正常的兩倍。同期成長大幅高於正常水準的城市，還有我的第二故鄉華盛頓特區、波特蘭、阿爾伯克基、達拉斯，以及奧蘭多。[5]

　　大量中高收入的高齡人口遷入像我所居住的這類鄰里，尋找不需要太多維護的住宅，有些則有管理員服務。也有許多人希望能擺脫擁有汽車、維修房屋、剷雪、掃除落葉，以及園藝植栽這些季節性工作的負擔。他們希望住在方便步行且有公園、腳踏車道與健行步道的區域，期待住在青銀共居的環境或世代多元的社區中。他們想找到有足夠資源的住宅，但又抗拒被歸類到老人住宅。

　　這場疫情到底會暫時或永久地翻轉這股趨勢，還有待觀察，但疫情同時也暴露出另一股幾乎是在年齡光譜另一端的群體之間的趨勢。自大衰退以來，18 到 29 歲的年輕人首度大批搬回家中居住；到了 2020 年 7 月，這個年齡區段的多數人（52%）至少與父母親其中一人同住。這股趨勢在所有主要種族、男女性別，以及城鄉族群中，都是一致的，其中以 18 到 24 歲、年輕白人的增長最為顯著。[6]

這股趨勢也在年齡光譜的另一端發生：許多高齡長者沒有存夠錢退休，於是有愈來愈多長輩搬進成年子女的家中同住，這些子女許多是千禧世代。這明顯為年輕世代帶來難題，因為他們已奮鬥許多年，只求在經濟上站穩腳步，如今又面臨要提供年長父母的住宿，有時還包括經濟支持與照顧，許多子女得再延後退休儲蓄計畫，對長遠的未來可能有災難性的影響，代表他們必須再工作更多年。

這一切都翻轉了上個世紀中期開始的趨勢。當時的第一個退休世代，受到美好生活的行銷誘惑，紛紛搬到像亞利桑納州的太陽城、佛羅里達州的村群市這些豪華美地。如今這些住宅與社區已開始反映年齡的多元性，而這是將近四分之三世紀前無法預見的。這種生活樣態上的顯著轉變，需要一些實際行動的配合，包括住宅與社區的建造方式、可移動性、交通的概念與建設，以及服務開發等方面。

在地老化成主流

　　最優先也最重要的考量是住宅。疫情期間，住宅對許多人來說是遮風避雨的棲所、工作地點、健身房，也是學校。這迫使許多人重新思考自己的生活空間，並且自問：「我的住家是否符合需求且實用呢？」疫情讓某些人有理由考慮居住的空間，但我們更應該思考的不只是疫情後的需求與渴望而已，還要考慮未來 10 年、20 年，甚至是 30 年後渴望與需要的住家型態。

　　雖然生於今日的美國人，平均預期壽命是 79 歲，多數人可預期無傷無病的壽命卻只有 68 歲。這代表關於家屋改造或新家建造的討論，應該要在 50 至 60 歲之間開始。聽起來可能有些刺耳，尤其這個年齡段相對算年輕。然而，人們應該謹慎考慮這些事，特別是如果希望確保自己未來不用搬進長照的環境中。業界稱此為「在地老化」。

　　我比較偏好用「在地生活」（living in place）這個詞，因為大多數人是想要享受生活且抗拒老化的。開發商、建築師、營造商，以及建築相關產業，就算不說有義務，也可說有很大機會去設計與銷售能讓人盡可能長久在家生活的產品，例如可以預測跌倒情況的物聯網技術。

居家生活設計不能只考慮年輕時候，老後的歲月也要考慮，必須要預先因應生活需要的改變，而不是在一個重大傷害事件發生後才做。目前，討論改造居家環境來符合老年人未來的需求，仍是個禁忌，因為許多人拒絕參與變老的討論，這與多數人想要盡可能長久住在家中的事實不符。

AARP 的研究人員發現，「65 歲以上有將近九成的人希望盡可能長久住在家中，有八成的人相信目前的住處將是他們終老的地方。」[7] 然而，老年人若要就地養老，住處的硬體與服務環境必須符合需要。改造住家來符合高齡的需求，有時需要至少幾個月的時間，而建造新屋舍則要好幾年，如果期間發生重大醫療事件，就沒有時間等待。因此，對於那些有足夠財力的人來說，盡可能打造能防範未然的住家環境，是最好的選擇。

最大的風險是跌倒。就某個程度來說，只要住處經過正確改造，跌倒是可以預防的，而且正面處理這個問題有經濟上的必要。美國 65 歲以上的人，每年至少有 300 萬人因跌倒接受治療，80 萬人住院，30 萬人髖部骨折。每年非致命性跌倒的醫療花費約有 500 億美元，許多是由聯邦醫療保險所負擔，但保險給付的部分不包括居家改造，也不含疼痛、苦楚、康復時間與收入損失，這些都是理性消費者會想避免的。跌倒致死的成本每年則超過 75 萬美元。[8]

其他國家則採取實際的方式來因應這個挑戰。在德國，只有 5% 的老年公民住在無障礙公寓裡，83% 是住在老舊的建築中，通常比新蓋的建築更難出入。德國老年人跌倒意外中，有四分之一是因為私有住宅的結構效率低。政府為了因應這個問題，透過「合適年齡重建計畫」（Age-Appropriate Rebuilding Program）這類專案撥款，加速把建築與公寓改造成無障礙的居住空間。[9]

大約 10 年前，英國出版《使高齡化人口安居：創新小組》（*Housing our Ageing Population: Panel for Innovation*）報告，檢視歐陸各地最好的設計原則。[10]這份報告再加上英國高齡人口持續增加的需要，促成了住家宜居的改善。簡單地說，消費者比一個世代之前更有設計意識。新一代的消費者與他們的美國同儕一樣，一點都不想要住進老人院。

我與父母一直在討論居家改造事宜。事實上，他們常常主導討論的方向，也規劃好建造新住宅的全面計畫，而不只是改造現有房舍。新家可能位於他們現在居住的城鎮，也會幫助他們盡可能長久地保持獨立生活。我父母的想望並不獨特，但做法卻很不一樣：他們很積極找尋房產，心知這可能需要好幾年的時間。他們體認到自己長壽的現實，把這些因素納入設計的考量中，比方說選擇住一樓，並且投入時間與精力建造新家。

如同我多次提到的，美國成長最快速的年齡層是 80 歲以上的族群。1900 年時，只有 10 萬個美國人活到這個歲數，今天這個數字已經膨脹至將近 600 萬。到 2050 年時，這個年齡層預期將高達近 2,000 萬人，在不到 30 年的時間裡增加 220%。

2019 年，住宅翻修有九成是戰後嬰兒潮與 X 世代完成的，高於 2018 年的 83%。其中有超過半數（55%）是嬰兒潮世代，而他們主要的翻修區域則是廚房與浴室。[11] 考量有三分之二的跌倒意外是發生在家中，傷害最大的就是浴室，所以浴室是開始改造的最優先場所之一。

大多數人都不喜歡有扶手或開門式浴缸的外型，因為這種裝設會讓浴室感覺就像是醫院或安養院。浴室配件公司與廠商應該想辦法把扶手處融入整體設計中，開門式浴缸的外型也要盡可能線條流暢、沒有接縫，有座椅的無障礙淋浴間也應該更普及。這些設備的「機構式」外觀，可以藉由優質材料與現代設計手法來平衡。建築師應該使照明成為住宅設計的重點，包括動作感應地板照明。家中各處都應該設計儲物空間，讓地板不會有雜物堆積。

租屋市場也有商機。房地產網站 RENTCafé 在 2019 年分析美國人口普查局的資料，結果發現，過去 10 年間，美國 60 歲以上的租屋人數成長超過三分之一，同時間 34 歲以下的租屋人口只成長 3%。2006 至 2016 年間，年收入 6 萬美元以上的高齡租屋者比例增加至 15%，增幅為 4%。[12] 租賃市場中高齡人口數量的增長，尤其是可支配收入較多的年長者，代表房產業主與開發商需要順應這個不斷成長的需求。

不管是住宅與公寓的新建案，還是房屋改造翻新，都已經開始考慮到整個生命歷程與多代同堂的趨勢。改造方式包括，把地下室改建為居住區域、在現有住宅中增建親友套房，或是加蓋孝親房。更精確的說法是，加設從零開始或用模組建造的附屬居住單位。

在新加坡，我觀察到同一個家族的不同世代，會在同棟大樓中租屋為鄰，爸媽住在其中一層，成年兒孫在另一層。有愈來愈多人渴望從頭建造可以多代同堂的住家，這是全球可見的趨勢。不同住宅設計規模與範圍各不相同，但前景最看好的設計是採用全齡複合的方式，包括家人聚集的中心區域，也有退隱獨處的空間。這些住宅最大的挑戰是，其規模和造價對多數人與都市環境來說，都是令人卻步的。

Module 是一家位於賓州匹茲堡的模組化住宅公司，他們相信與家庭一同成長且大小適中的住宅，是解決多代同住問題的最好方式。這家公司所提供的最小住宅單位大約 14 坪，大概是城市中公寓套房的大小。[13] 假如需要更多房間給孩子、親人，該公司也有現成的設計可以滿足需求。這個方法有兩個最重要的考量：一是都市環境，他們刻意為小面積土地與稠密住宅區設計小坪數；二是屋舍可以快速建造起來，更能回應人生大事的需求。

一些創新的多代同堂住宅也努力解決負擔能力的問題，於是不考慮設計或大家庭的需求。以色列在 2014 年開始一個「吾家在此」（Here We Live）的實驗計畫，意圖使高等教育更可及，同時加強獨居長者的社會連結。參與計畫的學生可以藉由與年長房東互動，來交換居住與學費的補助。[14] 這個計畫不是以色列獨有，歐洲各地、美洲也開始有類似的計畫。

社區規劃與時俱進

全球的政府領導者必須要開始考量，社區中的年齡世代愈來愈多元，特別是有更多年長者選擇留在家中與職場。老年人口所居住的環境，需要從傳統上只考慮到年輕、身體健全的人，轉變成可以順應今日與未來所有世代、各種體能的需求。

這包括重新想像或打造歷史街區,來滿足多元世代的需要,以及開發新的鄰里與社區,包括有形的結構,以及社區生活所需的公共部門。

我常常想到佛蒙特州的藝術家凱文·魯埃爾(Kevin Ruelle)的一幅插畫,畫中的男人正在剷除某間公立學校階梯上的雪,階梯旁的坡道則被雪覆蓋;一群學生等著要進學校,他們之中有一位坐著輪椅。畫作的說明寫著「為有特殊需求的人開路,就是為每個人開路!」這段說明的意思是,如果這個人可以先剷除坡道上的雪,那麼所有的孩子都能夠馬上進到學校。

在考慮無障礙設施時,這樣的提醒尤為真確。以全球人行道上普遍存在的坡道為例,它已經成為包容性設計的主要象徵之一。儘管原先是為坐輪椅的人而設計,但現在每天都會有人頻繁使用,從推嬰兒車的父母到送貨員都用得上。

無障礙設施改建的主要目標是,創造一個對更多人都友善的環境。在社區的設計上,將老年人口納入考量可能還很新穎,但也已經有良好方針與最佳做法,幫助大多數社區了解前進的方向。最重要的是,地方首長與市政公僕應該要在每項可能影響高齡世代的決策初期,就先諮詢他們的意見。和企業一樣,政府最好不要先假定老年人的渴望與需求。

隸屬於世界衛生組織的「全球高齡友善城市及社區網絡」（Global Network for Age-friendly Cities and Communities）已經開始要求地方政府接納高齡化現象，同時也提供政府一些具體建議。[15] 粗略地定義，對高齡友善的社區是一個在硬體及社會環境中重視、包容並支持老年人，同時符合他們的興趣與需求的社區。時至今日，有 39 個國家、超過 700 個城市與社區參與這個網絡。過去幾年，這個數目已成長到兩倍之多。

雖然成為該計畫的成員不能保證這座城市就真的對高齡友善，但這個身分確實代表政府致力與社區合作，特別是社區中年紀最長的居民，來創造一個對所有年齡都更友善的地方。這個計畫的成員透過愈來愈多的最佳做法與靈感交流，將城鎮、州郡與國家政府及相關組織聯繫起來。

位於日本九州省、人口僅 30 多萬人的秋田市，是最早加入計畫、也最令人印象深刻的城市。這座城市早已進入超高齡時代，人口有三分之一超過 65 歲。[16] 這個令人吃驚的人口組成現實突顯了，當都市化與人口老化兩股巨大趨勢互相碰撞時，會發生什麼情況。然而，秋田市與其他有著類似人口挑戰的地區不同，它選擇迎頭面對，並將挑戰轉化成再造與創新的機會。

秋田市市長穗積志有前瞻的思考，也有與他一同致力於促進高齡友善環境的市政團隊，他們著重改善秋田市的基礎建設，來迎合年齡多元人口的需要，打造出一座完全無障礙、以人為本，並且考慮到所有生命階段需要的市政廳。市政廳又兼做社區中心，也成為年長市民最喜愛聚集的場所。它另外配置托嬰設施與拐杖用的掛鉤，以及手推車與輪椅的停放處。

市府人員也努力打造出對所有年齡都友善的堅強社群，目標是藉著與地方企業合作，改善如日用品配送的服務，以及像是固定費率的公眾交通系統等行動選擇，成為一個對所有人更具吸引力的地方。所有這些倡議行動，都是要確保社交聯繫成為秋田市民生活的核心，而這是對抗孤獨的關鍵——孤獨與嚴重疾病及死亡有關。

美國人口數最多的紐約市，也正努力迎合日漸增加的老年人口需求。過去 10 年間，紐約已在市內增加 1,500 張長椅，以及 3,500 座全新或改建的公車候車亭，並與最年長的市民合作，確保這些設施的設置能有最大效果。[17] 英國的諾丁漢市也召募超過 300 家企業參與「請坐」（Take a Seat）計畫，歡迎所有行動障礙人士進入店家休息；這些店家的窗前貼有「對高齡友善」貼紙。[18] 德國「可以坐下的城市」格里斯海姆市（Griesheim）打造了各種不同的休息區域，包括長椅與倚靠休息站，因為「坐下」不一定是最好的選擇。[19]

　　關於友善高齡社區，最少人理解的一點或許是，許多設施可能已經存在，有些只需要調整修改，就能滿足超高齡世代的需求。像學校這類既有的基礎設施，可以改建後重新利用。社區的參與度可以透過文化機會、娛樂、公共服務與宗教機構來擴展。大學教育與進一步培訓的機會，以及志工服務與新職務的選擇，都可以被擴大。住房、生活開銷、行動與交通可以更加便捷實惠。

用創新提高長者的移動能力

　　失去行動力是生命後期最需要解決的重要挑戰之一，也是造成社交孤立、導致孤獨的主要因素。當個體無法透過固定的日常活動與社區連結，例如無法到超市採買、到郵局辦事或參加宗教儀式，這種情況就會發生。這也會限制老年人工作維生、志願參與社會活動的能力，而這些都與生活品質息息相關。

　　一個人距離城市或鄉鎮愈遠，喪失行動能力帶來的挑戰就會增加。城市居民到商店所需要移動的距離通常較短，可以走路或使用不同行動選擇到達（例如腳踏車、公車、電車、計程車、應用程式叫車）。郊區居民就必須移動較遠的距離，通常得開車，因為交通選擇更少。而農村居民除非住在鎮上，否則開車幾乎是唯一的交通選項，而且通常需要行駛長距離。

有愈來愈多地區有叫車服務，比方說 Uber 在全球 70 多國、超過 450 個城市營運。另外也有針對農村區域的選擇，例如 Lyty and Curb（美國）、Ola（印度）、Didi（中國）、GrabTaxi（馬來西亞、印尼、泰國、菲律賓）、Free Now（歐洲）、Line Taxi（日本）、Blue Bird（印尼），以及 Kakao T（韓國）。

美國 GoGo Grandparent 等新創公司設計出讓註冊用戶透過「傻瓜電話」（沒有應用程式或相機，且通常沒有網路的類比或基本按鍵式手機）預約叫車的服務，在華盛頓特區有位 Uber 司機多年前就向我介紹這個服務，他說這是他 80 多歲母親願意使用的叫車應用程式。可惜的是，這些服務要在人口較稠密的地區才可行，因此通常局限在城市或郊區。

喪失移動能力、無法獲得重要服務及日常互動，通常是因為身體機能受損的關係，而這可能是突然發生的。發生這種情況的可能性隨著年齡增加，所以美國與世界各地許多政府的轄區，在核發駕駛執照時都有年齡的要求，包括規定某個年紀之後要做技能測試。「開車」這個行動，也會隨著老化變得更昂貴：儘管高齡駕駛有多年的經驗與安全駕駛紀錄，保險公司還是認為他們開車的風險較高，因此提高保費。然而，網路上有愈來愈多的行動選擇，讓人可以完全省去駕車的必要。

這個轉變將迎來新的獨立時代，讓人們可以住在家中更長時間，維持所喜愛的社區成員身分更多年，同時與人保持社交聯繫。這聽起來可能有點像科幻小說，但這些改變在城市中已經或正在發生，而且很快就會擴展到郊區與農村。

就拿匹茲堡為例，這也是我的故事開始之處。如今，匹茲堡已經至少有五個致力於開發自駕車的組織，包括家喻戶曉的Uber，他們有大約 20 輛自駕車白天在市區街道上收費載客，也已經在達拉斯、舊金山、華盛頓特區及多倫多進行場地測試。其他四個組織包括 Aptiv、Argo AI、Aurora 及卡內基美隆大學，也正在匹茲堡 32 個鄰里與近郊地區測試超過 40 輛自駕車。預計到了 2030 年，全球車輛有 90% 會是自駕車，但自動駕駛汽車也只是行動革命的一部分而已。

在 2019 年的東京汽車展上，三菱電機引進了「移動出行，創造更好明天」（Mobility for Better Days）的概念，內容包括全面性的科技進步，從我們駕駛的車輛到更大的社會基礎建設都有改變。不令人意外的是，話題集中在自動駕駛的汽車上，這也一直是消費者關心的焦點。

三菱概念車 EMIRAI 的內裝相當引人注目，它有一系列偵測健康的創新設計，包括免接觸心律監測、可以感知駕駛打瞌睡的臉部追蹤，以及持續監測體表溫度的感應器。這些健康偵測創新系統可以察覺出駕駛人睏倦這類駕駛狀況，以及突發的疾病，以便用先進的自主駕駛模式介入，或是把緊急健康情況報告給警消單位。

　　市政府在提供移動選擇方面也扮演重要角色。然而，城市的基礎建設往往是數十年甚至更久以前建造的，像倫敦、布達佩斯、格拉斯哥、紐約、巴黎，以及布宜諾斯艾利斯的地鐵系統，都是一個多世紀前建造，改建這些系統無比昂貴。不過，許多市政府已經邁開大步，把公車、火車甚至是候車亭的內部改建為友善高齡，也更方便出入。

　　美國現在宣稱，國內有將近 99% 的固定路線公車、90% 的火車是無障礙環境，但卻沒有把通往此類設施的路徑與入口改為無障礙空間。搭車的人面臨的現實是，許多車站（超過四分之一）沒有無障礙入口，讓愈來愈高齡的人口就算不至於不可能、也很難像多數人視為理所當然的那樣，搭乘大眾交通工具到處行動。

　　全美各地城鎮都已設有中介運輸系統（Paratransit，在美國、加拿大常用的說法，指輔助沒有無障礙設施的巴士與軌道交通的選擇，費用低廉或免費），這也是《美國身心障礙人士法案》要求的。但是這個系統仍然有其限制，使用者長久以來抱怨需要事先預定時間（有時是一天以前），而有的駕駛會遲到甚至根本沒到。有些城市開始啟動試點計畫，利用科技或連結並補助現有叫車交通選擇，來解決這個問題。

防堵社交孤立

要讓住宅和社區適合銀髮族居住，就要正視年輕人與老年人都會遇到的一些重大挑戰，包括社交孤立。這是一個棘手但需要被關注的議題。AARP 基金會攜手聯合健康基金會（United Health Foundation），對 2,010 人所做的一項全國性研究發現，所有年齡層的成年人中，有三分之二正受社交孤立之苦。[20] 其他的研究也顯示，社交孤立造成的負面影響與肥胖、抽菸是一樣的。找到更好的方式來聯繫這些脆弱的人，社區不只會更鞏固，同時也會更健康。

當一個人不再能夠進行定期的社交互動時，孤獨感就會產生，引發一連串的健康問題。如果不加以控制，問題很快就會加劇，與社交孤立有關的成本也會加倍上升，而且通常是由家人、朋友，以及大眾資助的社會福利機構來支付。孤立若不加以矯正，可能導致個體在未來無法獨立生活，甚至被迫進入照護機構。

將人們與所屬社區聯繫在一起的方法之一，是先確保他們不會與社區脫節。這個問題不僅是個體與家庭關注的事，醫護人員、企業及倡議組織，以及受此結果影響的公共部門也非常重視。2018 年，英國政府意識到國內普遍有孤獨現象，就設立並任命了世界第一位應對孤獨症的部長，尋求解方來處理這個危機。[21]

好消息是，世界各地許多組織正在積極處理這個問題。他們的目標是讓人們保持與所屬社區的聯繫，可以在家中生活；遇到的挑戰則是，這方面的創新選擇寥寥無幾，大多數人都不容易獲得。相關選擇的貧乏，再加上需要更好服務與設計的人很多，這對當前的公營與私人部門組織，以及新創企業，都是很獨特的市場機會。

新冠肺炎疫情掀起一波孤獨的浪潮，但也為提供工具性日常生活活動（IADLs）的組織開啟更多機會。除了長期受到討論的交通以外，工具性日常生活活動也包括陪伴與心理支持，還有購物、餐食準備、居家管理、藥品管理、與家人朋友的溝通，以及財務管理。人們在出現健康危機時對這些服務的需求，在全球各地激發出創新的大好機會，企業可以自由探究，甚至帶著玩心進行實驗，來解決複雜問題。有些政府放寬某些法規，比方說遠距醫療與數位醫療。而原本就已在幫助孤立個體的組織，表現尤其出色。

美國「全方位年長者照護計畫」（Program of All-Inclusive Care for the Elderly）的參與者，在疫情期間面對嚴峻挑戰，但成功繳出亮眼成績。他們為仍在社區中生活的脆弱長輩，提供全面的醫療與社會服務，目標是使他們不用進入機構性照護環境。[22] 在疫情之前，多數的照護是在提供社會活動、餐食與治療的中心進行；疫情期間，則將以中心為基礎的照護轉向居家照護及線上社會服務，資金幾乎沒有中斷。

總部位於倫敦、以「科技造福社會」為宗旨的新創組織onHand，相對較晚進入市場，但疫情期間因為需求增加而成長。onHand 連結了一群志工，需要協助的老年人只要按一個鈕，志工就會提供幫助，而有需要的老年人口愈來愈多。onHand 的志工經過審查和驗證，可以幫忙購物、辦事、領藥，甚至提供陪伴。[23] 這個應用程式還有一個附加好處，就是紓解英國公眾醫療系統與地方政府的壓力。onHand 的創新方式使創辦人桑傑・羅伯（Sanjay Lobo）在 2020 年的「英國偉大企業家獎」中榮獲「造福社會企業家」（Entrepreneur for Good）獎項的肯定。

許多原本就存在的隨選即送服務，在疫情期間更為普及，也急劇改變「未來老者」的生活方式。即使在疫情期間，我都可以合理期待只要動幾下手指，幾分鐘內就有一輛車抵達我的住處，半小時之內可以拿到餐點外送，兩小時內收到生鮮雜貨，一天內有人來收取、清洗後又送回我的衣物，幾天內收到從亞馬遜網站寄出的包裹，這一切都如此令人驚奇。

多虧這些以及接下來將要出現的種種創新設計，未來的年長者將擁有更大的獨立性。

第 11 章

老年經濟學

將老年人口納入經濟活動中，對持續成長至關重要。
當參與勞動市場的老年人愈來愈少時，經濟成長的速
度也將放緩。

　　我的職涯都投注在改變全球對老年人口的看法，希望扭轉
悲觀，轉到更積極的方向。我滿懷熱情地承擔起這個挑戰，花
費將近四分之一的人生捍衛年長者的權利，讚揚他們在職場上
的價值，呼籲大家將他們納入產品與服務的開發，使他們能積
極參與群體生活。我主張企業和政府應該挖掘並善用「長壽紅
利」，也就是年長員工生產力帶來的益處，這可以提高老年消費
者的購買力、促進更好的社會包容性，同時改善老年人的健康
狀況。

我進行原創研究，與倫敦《金融時報》、東京《日經新聞》等主要企業攜手主辦全球會議，並與中國、法國、德國、日本、荷蘭、新加坡等國的政府部門合作。我也曾與國際組織合作，像是 OECD、世界經濟論壇及聯合國，並將我的見解分享給道瓊（Dow Jones）、蘇黎世保險集團（Zurich Insurance Group）、財星品牌（Fortune Brands），以及新光集團等大型企業。他們都認為，人口變化將為企業、經濟與社會帶來正面改變。

　　我在做這些工作時，始終強調一個簡單的真理：每個人都希望成為某件事的一部分。人人都想要有歸屬感，希望被視為正常人，即使不是出類拔萃。人人都想要有目標，為更偉大的事做出貢獻，不管是什麼。這樣的想法放諸四海皆準，不論老少、地域，抑或是經濟階層。事實上，隨著人類活著的歲數愈長，這件事可能變得愈加重要。

　　當我提到歸屬感時，並不局限於特定的社會、宗教或種族。它深入社會結構中，包括被視為具有生產力的成員，或者可以說是一個有助於人類引擎保持運轉的重要齒輪。這表示，我們不只可以透過參與創造收入的活動找到價值，也能經由參與無償工作（提供照顧或志工活動）來發現價值。

　　缺乏目標是自殺的主因之一，自殺率在老年男性、特別是

85 歲以上的男性，比例特別高。老年人若企圖自殺，死亡的機會大增。每一件自殺的成本超過百萬美元，其中絕大部分屬於生產力的損失。除了無法計算的個人成本，每年國家花費在自殺事件的成本將近千億美元（大部分是生產力的損失），而這當中有很大機會可以透過介入來降低的。

有些企業正在為尋求目標的人提供協助，包括傑夫・提威爾（Jeff Tidwell）的新創公司 Next for Me，這家公司幫助人面對職場與居家轉換，並且在所做的事上找到目標。諸如保羅・隆（Paul Long）的 ProBoomer，以及伊莉莎白・里彭（Elizabeth Ribon）的 NEXT 等社交平台，都有助於激勵老年人更有韌性，知道自己還有貢獻社會的價值。馬克・福里曼（Marc Freedman）的 Encore.org 等非營利組織，倡議 50 歲以上的人積極參與社區的價值觀，幫助他們在社區內分享經驗。

當老年人愈來愈希望自己的貢獻、需求被看見並得到認可時，這類組織正好滿足了這樣的需要。

消弭數位落差

我的好友、也是 AARP 的前同事藍西・艾爾文（Ramsey Alwin），現在是全國高齡委員會（National Council on Aging）

的執行長，不遺餘力地推動將老年人納入經濟體中。多年來她使用 @eldernomics 這個詞作為社交平台的帳號，認為這個字代表了「提升老年人經濟安全與就業能力」的主張。我覺得這是很聰明的做法，傳達出一種務實而包容的態度，確保老年人獲得經濟機會，為社會的繁榮做出貢獻。

儘管藍西後來不再使用這個稱號，卻把這個名詞當成祝福，讓我用來作為本章的標題。我相信這個詞概括了本書的主旨：肯定每個生命階段上的所有人，建設一個更有活力、更公平的社會，讓更多個人、企業與政府在超高齡時代的新局面中旗開得勝。

實現這個目標的方式之一是，確保所有人都擁有數位能力與素養，以及終身的教育與訓練。疫情也讓我們看見這一點在當今更形重要，因為有這麼多人不得不在家工作，以電腦維持社交生活。所有人都需要具備數位素養才能讓生活如常，甚至在數位世界成為積極參與者。

美國線上購物的成長無比快速，估計 2023 年有 91%（也就是超過三億）人口會是數位消費者。每月大約有四分之一的美國人在線上購物，其中約有三分之二是購買服飾，[1] 將近半數的網路購物者首次購物是在亞馬遜網站。[2] 這讓更多人有機會以普通購物者的身分上網，消費資訊、社交與交易。

Carevovacy、GetSetUp、Senior Planet 和 Older Adults Technology Services（OATS）等公司正在幫助老年人上網，更自在使用科技。他們提供實體和遠距課程，將老年人與同輩連結起來，學習常用的網路工具。課程包括基本知識與進階的主題，例如自我行銷（使用 LinkedIn、MailChimp）、架設網站（使用 Squarespace、Wix），以及經營電商市場（使用 Etsy、Shopify）。

其他公司正在開發技術，將無法使用智慧手機科技的消費者與他們所需的服務連結起來。其中一家是沃達豐（Vodafone）旗下的德國電信服務 Silberdraht，將用戶連接到只有在網路上才能獲得的資訊，例如 Podcast 與相關時事。[3] Silberdraht 之所以存在，是因為德國老年人不像美國的老年人那樣善於透過數位工具來聯繫。每一種解決方案都需因地制宜。

此外，年齡落在 55 歲到 64 歲的企業家也愈來愈多。25 年前，這個年齡層只占新創企業家的 15%。根據考夫曼企業家指數（Kauffman Indicators of Entrepreneurship），在 2016 年這個比例已經躍升到將近四分之一。[4] 而根據美國勞工統計局的數據，65 歲以上的人比較可能是自僱者，有將近 16% 的人符合此標準。[5] 這群持續增長的人口之所以重要，不只是因為他們的參與是在傳統勞動力之外，更因為他們的事業表現常比年輕一輩更出色。

如今，成功企業家的平均年齡是 45 歲，50 歲創業家打造出高成長企業的機率是 30 歲創辦人的 1.8 倍，20 歲出頭的創辦人建立高成長企業的機率最低。[6] 然而，年長企業家卻不易募集資金，尤其是在年齡歧視如此普遍的情況下。知名創投家保羅·葛拉漢（Paul Graham）曾開玩笑說，他評估企業家年齡的取捨點是 32 歲。請問這有何前瞻性？

什麼都不做的代價

不管是什麼年紀，滿足歸屬感的基本需求在超高齡時代將變得更重要。若沒有做到這一點，恐將引發一連串的危機，威脅企業穩定，弱化社會凝聚力，乃至破壞國家經濟。經濟可能因此停滯，或者更糟，陷入衰退或蕭條。倘若如此，政府就可能在全球經濟體中失去地位，信用評比與借貸能力也會被嚴苛檢驗，社會福利系統甚至崩潰。結果將會是一個更老、更多疾病、更窮的社會。

若讓高齡人口有更多的投入，將有助於推動社會與經濟發展；不考慮這群高齡人口的需求，絕對是不智的做法。

那麼，究竟是什麼阻礙了我們？首先，過時的歷史態度、不良的公共政策，以及年齡歧視（無論是隱性或明顯的），都對企業決策與經濟生產力有負面影響。如果沒有採取行動來因應這些問題，納稅人將不得不承擔因經濟生產力損失所帶來的隱藏成本，以及因失業與孤立相關問題所增加的醫療保健成本。如果政府、企業無動於衷，那麼眼前的路徑將為經濟成長與政治穩定帶來重大威脅。

到了 2030 年，首批 35 個國家都進入超高齡社會時，全球人才短缺可能將突破 8,520 萬人；我們若在召募與留用年長人才上沒有任何作為，將造成數以兆計的經濟損失。預估將受到嚴重衝擊的產業包括許多屬於知識密集的工作，例如金融服務業，人力短缺將造成 4,350 億美元的未實現經濟產出。[7]

即使是至今仍保留強制退休年齡制度的 OECD 國家，也同意這個看法。根據該組織自身的研究，如果企業與政府不採取措施因應此人口變化，預計未來 30 年內，成員國的國內生產總值將平均下降 10%，有些經濟體可能會下降近 20%。[8]

對於冰島、韓國、日本及新加坡等國來說，即使採取相應的作為，例如鼓勵移民等通常有助於人口成長的措施，要扭轉經濟緊縮的情況可能為時已晚。缺乏支持移民政策的國家可能會更加仰賴機器人,貨物與服務的內需將隨著可購買人數減少而縮減。這些經濟預測不只是針對 OECD 的成員國,對世界上其他國家來說,應該都是一個警訊。

如果不採取行動,人口變化對一個國家的信用評等可能會有災難性的影響,這點卻少有人提出討論。這些信評機構負責提供企業與國家償還債務的能力資訊,給全球的投資人參考,像是按時支付利息或違約的可能性有多大。毫無疑問,一國的人口展望與許多經濟風險因素有直接關聯。信評機構會密切關注醫療照護、退休金等社會福利計畫所產生的債務,而這些計畫的債務直接受到扶養比的影響。扶養比指的是需要扶養不工作人口的工作人口數,這個比例與自上世紀中葉以來將老年人持續從勞動力中淘汰的年齡歧視政策密切相關。

目前有 10 個國家擁有 3A 頂級信評,這直接影響它們的借貸能力,包括加拿大、丹麥、德國、列支敦士登、盧森堡、荷蘭、挪威、新加坡、瑞典及瑞士。這些國家都已進入或將在 10 年內進入超高齡時代,若再不積極採取行動解決問題,信用評等將面臨降級。這對國家的借貸能力有極大影響,投資人將視其為更高風險的投資,在借貸上會要求更高報酬。

這些國家如果失去高信用評等，很可能是因為無法調整其經濟與社會安全系統，以順應新的局面。由於人口老化加上過時的年齡歧視政策與做法，勞動參與率下降，使這些國家中的多數將在未來 10 年間面臨勞動力短缺，這已使某些公司很難找到足夠的人才。

過去曾實行過的一個選擇，是提高領取退休金的退休年齡，強迫人們工作更長時間。包括美國在內的許多國家已經逐漸這麼做。然而，許多專家認為，這樣的做法好比用牛刀來殺雞。一定還有更好、更公平、更細緻的方法來因應人口挑戰。我也相信公司行號，特別是大型企業，可以在推動改變方面發揮非比尋常的作用。政府應該在財務上支持公民，在職涯中進行技能和職業轉型，而企業也應該要努力盡可能使工作場域符合人性且友善各個世代，讓每個個體的貢獻都能最大化且盡可能長久。

這是為什麼我要求每個與我合作的組織，要能承諾遵行一套原則，鼓勵他們積極解決年齡歧視，支持員工人生中的各種需求，並讓供應鏈上的其他企業也要負起責任。這是我在「出櫃領袖」（Out Leadership）的好友法比斯‧胡達特（Fabrice Houdart），在他與聯合國人權高級專員辦公室（United Nations

High Commissioner for Human Rights）合作制定 LGBTQ+ 企業策略時，與我分享的方法。這些原則包括：

- 尊重所有人，不論年紀大小，都視其為貢獻者與顧客。
- 努力消除職場中的年齡歧視。
- 提供照顧假與持續性的培訓來支持員工。
- 拒絕支持或參加已知的年齡歧視組織，包括供應鏈中的人員。
- 鼓勵建立有助於人們更長壽的政策、行動、產品與服務。

這種方法並非對未來抱持盲目的樂觀。它很務實，強調人口變化的現實，因為這個變化時時刻刻都在加速發生。

改變需要刻意而為

我是個講求實際的人，我完全明白，兩千多年的人類歷史與生活經驗一直將老年人邊緣化，這是不可能一夕消除的。我也了解，要撤銷超過一世紀在職場與社區中排擠老年人的災難性公共政策，絕非一蹴可幾。改變不一定是要翻天覆地，但確實需要漸進、包容，並且刻意而為。

上個世紀將女性引入正規勞動市場，是過去百年美國經濟最重大的變革之一。從 1950 年至今，女性的勞動參與率已經翻倍，1978 年起女性工作成為常態，超過半數女性加入勞動市場。令人難過的是，這些成果正面臨風險，很大部分的原因是女性必須承擔更多照顧責任，以及疫情帶來的挑戰，像是打理家務、監督孩子在家自學等。然而，實行支持長壽的勞動力政策，隨著勞工生涯轉換要求，將有助於改變這個局面。女性的勞動參與率，對持續的經濟成長至關重要。

　　同樣地，如果不是年輕的嬰兒潮世代進入勞動市場與強勁的退休產業，從 1950 年代開始有計畫地汰除老年員工的做法，對經濟體也會造成同樣災難性的影響。我來提供一些背景資訊：在 1950 年，美國 65 歲以上男性勞動參與率有將近 50%，但此後由於歧視年齡的公共政策及強大的退休制度，導致參與率急速下降，1990 年達到 16% 的最低點。

　　這個發現與 1960 年代、1970 年代美國及其他已開發國家中普遍的強制退休政策是一致的，並且在許多國家仍然很常見。這些政策的制定是要把老年人從勞動市場中剔除，為過剩的嬰兒潮世代騰出空間。直到國會通過《就業年齡歧視法》，禁止在 70 歲之前強制退休，並於 1986 年取消強制退休年齡。這項變革才讓年長人士重回職場，但還不足以消除歧視年齡的工作文化，這點確實不容易執行。

　　關於老年人的勞動參與率，開始有一些正面消息，不過真的還只是剛開始而已。在 2000 至 2018 年，65 歲以上人口在高收入經濟體中的勞動參與率，從 9.9% 上升到 13.7%。在美國，2019 年這個數字是 20.2%。在勞動參與率最高的冰島和印尼，這個數字分別是 35.2%、41.7%。[9]

　　至於勞動參與率最低的盧森堡及西班牙，數字分別是 2.3%、2.5%；歐盟的勞動參與率只有 6.6%。[10] 隨著出生率持續下降、壽命持續延長，將老年人口納入經濟中對持續成長至關重要，因為當參與勞動市場的老年人愈來愈少時，經濟的運作就會缺少了老年人的才智和能力，導致成長速度放緩。

世代間財富大轉移

　　嬰兒潮世代預計即將把大筆財富轉移給後代。大多數專家估計，嬰兒潮世代的資產價值約在 30 至 40 兆美元之間。這驚人的數字使得許多專家將未來 10 年左右發生的事件，稱為「財富大轉移」（Great Wealth Transfer）。

　　作為財富大轉移的主要受益者，千禧世代受到許多關注，然而更有可能的是，寡婦和 X 世代已經從家庭財富的轉移中獲益。當今，老年人的資產決定將對成年兒女及後代子孫有深遠影響。

毫無疑問，這個轉變足以撼動整個經濟領域，尤其在未來 25 年內，將有 68 兆美元的資金在世代間移轉。企業——特別是金融服務業，需要兼顧服務現有客戶的需求，以及因應財富繼承人的渴望。對所有企業來說，這將是重新取得平衡、創造更具世代包容性產品與服務的大好時機。

超高齡時代的小型企業主將普遍面臨一個挑戰，他們當中會有愈來愈多人難以將所有權移轉給成年子女，或是找到買家。農村地區更是如此。然而，私人企業將公司轉移給自家員工的趨勢日益明顯，這種所有權結構通常被稱為合作社。

將近半數的美國人受僱於小型企業，而嬰兒潮世代就占美國超過 3,000 萬小型企業主的 41%，僅次於 X 世代的 44%。當這些企業主在未來幾年準備退休時，預期有將近四分之三的企業會易主，通常也包括財產清算或關閉在內。對某些企業主、員工及他們所服務的社區來說，這遠不如轉型為合作社、讓資本在地化那樣有利。

如今，美國有將近 800 個由員工擁有的合作社，這比起 10

年前的 350 家已經是超過兩倍了，在歐洲這個數字更高。根據美國勞動合作社聯盟（US Federation of Worker Cooperatives）的說法，合作社每年僱用成千上萬名員工，帶動將近五億美元的營收。[11] 合作社最酷的一點是，企業的規模或範圍沒有限制，也就是說，它可以只僱用幾個人，也可僱用幾百人或更多。美國最大的合作社是紐約的合作家庭護理協會（Cooperative Home Care Associates），僱用了將近 2,000 名員工。

將所有權轉移到合作社的好處是，年長的獨資企業主可以快速或逐步售出公司，對他的退休前景有直接幫助。第二個或許影響更大的好處是，人們普遍認為合作社所有權對於企業績效是有幫助的，因為會有更多員工感到自己對企業的成敗負有責任，這將提升企業的韌性。一些歐洲法規要求，合作社必須保留一定額度資金作為「雨天基金」，以備不時之需。

然而，從獨資所有權轉移至合作社所有權的第三個、也是最戲劇性的好處是，它或許有助於透過市場化的途徑重新分配財富，縮小貧富差距。建立合作社是老年企業家可以採用的一種策略，在退出企業的同時還能賺取利潤，同時維持原本服務社區的功能。

英國里茲大學商學院維吉尼・佩洛丁（Virginie Pérotin）的

研究支持這個主張。她檢視了美國、歐洲與拉丁美洲各地由員工管理的公司所做的研究，發現這種安排能帶來許多效益。整體來說，她發現工人合作社比傳統企業更有生產力，員工表現更好，組織也更有效率。[12]

借鏡日本

日本超高齡時代的歷程，為其他國家提供了寶貴經驗。快速自動化與人口老化這兩股同時發生的趨勢，看似互相矛盾，但如同日本這個國家中的一切事物，在兩者間取得平衡是一種尋求和諧的嘗試，好比「陰陽道」的觀點：相反或矛盾的力量實際上可能是互補、互繫與相互依存的。

在日本，許多傳統文化已成為藝術形式，但因為品味的改變、人口結構變化，以及科技的發展，整個小型產業與貿易正在消失。根據日本政府的統計，科技進步所帶來的效能已經淘汰國內半數以上的壽司店。如今，你比較可能在由科技驅動的環境中吃到這個日本的代表性食物，但這種環境限制了人類的互動，因為機器人廚師製作的食物是透過輸送帶送餐給顧客，而非傳統餐廳的模式。

日本最高齡的壽司師傅，有些從 1960 年代就開始執業，但由於現代潮流與疫情之故，他們也只好被迫關門。有些人則把製作手工壽司的技術轉為奢侈品，增加收入之外，也藉此提升永續經營的可能。這可能正是其他由老年人經營的小型工藝產業，或是那些還無法被機器取代的產業未來。

不同於其他進入超高齡時代的國家，日本始終沒有積極的移民政策，使得它更快速進入超高齡時代，也更倚賴科技。如今，日本這個文化單一的國家，愈發仰賴機器人來完成過去由人類所做的工作，包括醫療與長期照護等高接觸服務的環境。其中，人工智慧被用來監測患者狀況，配有人工智慧的機器人則是提供照護中心的居民一定程度的社交互動。

日本對科技的使用，特別是協助體力勞動的機器人，對於美國及其他進入超高齡時代的國家極有參考價值。根據美國經濟與政策研究中心（Center for Economic and Policy Research）的報告指出，58 歲以上的勞工有將近半數從事的是需要體力的工作，而他們也還得再延長工作的時間。他們從事的工作，有許多是在運送貨物、營造建築、照護與安養這類產業中，也有許多勞工因為體能無法再負擔，而被迫離開原本薪資優渥的工作，轉為較低薪的選擇。[13]

有些公司像是 Cyberdyne，正在透過發展外骨骼輔具來協助面對這項挑戰，減輕重複性勞動的壓力並增強整體的身體「力量」。另一家公司Innophys已經發展出一套像背包一樣的裝置，透過按壓手搖泵30次充飽密封的空氣動力「肌肉」。松下、豐田等這些較大的公司也正在推出自己的版本。這些設備在日本各地被使用，幫助人們延長工作壽命，日後在日本及其他超高齡社會國家將隨處可見。

日本企業正在順應年長消費者的需要，包括所有型態的企業，像是便利商店。Lawson在日本有許多分店特別鎖定老年人，在店中設置血壓計等保健產品，也有社工與醫療照護專業人員進駐。有些還經營行動商店，專門巡迴全國各地的老人院與安養機構。

善用老年人的工作與消費意願，是超高齡時代所有策略的核心。同時，也必須有改變的決心，唯有如此才能創造一個豐富可期的未來。

期待豐盛的未來

全球80%以上的國內生產毛額（GDP）是由人口快速老化的國家所創造的，這些國家擁有全世界最富裕的老年人。到了2050年，65歲以上人口預計要翻倍時，這些國家將很快控制將近四分之三的可支配收入。如果再加上老年人都能過得比以往更健康、更獨立，就會創造出前所未有的商業變革。

2016 年，AARP 試圖衡量 50 歲以上人口的經濟貢獻規模，也就是所謂的「長壽經濟」。據估計，每年有 7.6 兆美元；[14] 2019 年這項研究更新，價值已超過 9 兆美元，其中包括照護這類無形的貢獻。[15] AARP 的估計結果，將使美國的長壽經濟成為世界第三大經濟體，僅次於美國、中國的整體經濟。

老年人花費的金錢數目十分驚人。全球市場調研公司歐睿國際（Euromonitor International）預估，2020 年全球 60 歲以上人口的花費將會超過 15 兆美元。2018 年，美國 50 歲以上人口的支出是 8.3 兆美元，其中超過四分之三是由 50 至 74 歲的族群所花費，金額大約 6.3 兆美元，與整個 50 歲以下的族群花費相當，而 75 歲以上的人則花費 1.8 兆美元。[16]

不管起點是 50 歲或 60 歲，將某個年紀以上的所有人歸入同一個經濟族群，這樣的做法是有問題的。多數的組織都需要更好的細分，我不會把百歲人瑞跟 50 歲的人混為一談，就像我也不會把新生兒跟 50 歲的人歸在一類。長壽經濟的規模實在太大，50 歲以上的人渴望與需求也太多樣了，以至於所代表的意義影響有限。一個以生命階段為基礎，並考慮到不同世代相似性的方法，可能會更有價值，而以年齡為區分基礎的分割方式已經過時。

　　各國政府無需專注在為長壽經濟（也就是 50 歲以上的人）打造產品與服務，而應聚焦在世代多樣性。這聽起來可能有點像在咬文嚼字，但長壽經濟的基本前提是錯的，尤其因為它是透過大量的公共支出、債務與未支付或非貨幣貢獻來支撐的。既然我們能避免強制裁員，創造崇尚經驗與鼓勵更長工作年限的工作環境，並且培育出一群創新者與企業社群，來幫助人們不分年齡都能活出最好的生命姿態，那麼國家的損益曲線肯定可以更健康。

　　當社會包容性愈大，就愈有可能不只看到經濟利益，也能看到深刻且重要的社會效益。當有更多人被接納且感覺自己是更大群體的一部分，社會就能運作得更好。然而，要創造出一個友善所有年齡層的社會，領導者必須放棄今日衡量成功的危險方式，比方說國內生產毛額，而要轉向新的、更積極的社會目標邁進，例如福祉。

　　我們的社會必須願意治癒或除去過時的機制、體系及信仰結構，以順應超高齡時代的新現實。「水漲船高」也許挺適合拿來形容這個概念：當經濟改善時，所有的參與者都將獲益。因此經濟政策，特別是政府提出的經濟政策，應該要聚焦在大範圍的經濟努力。

紐西蘭正在實行最具前瞻性的方法之一。前總理潔欣達·阿爾登（Jacinda Ardern）及其政府在 2019 年推出第一個福利預算，將政府的花費集中在公民健康與生活滿足感，而非財富或經濟成長上。她認為，國內生產毛額不足以成為今日的衡量指標，更不可能是超高齡時代的指標。這筆預算要求所有新的公共花費都必須支持以下五個目標：強化心理健康、減少兒童貧窮、支持原住民、邁向低碳經濟，以及促進數位時代的繁榮。至於成功與否，則是透過 61 個追蹤各種議題的指標來衡量，包括「孤立」。[17]

紐西蘭所採行的方法，突顯出往超高齡時代的轉型會是多麼劇烈，同時也顯示出個人、組織與政府在面對一個孩子更少但老年人愈來愈多的未來，有多麼大的創新機會。若能找到兼顧所有世代且更加公平的方法，對政府與企業都是有利的。

結束只是開始

在 AARP 的任期將結束時，由我構想並與外交政策集團（Foreign Policy Group）一起製作了〈高齡預備與競爭力白皮書〉（The Aging Readiness and Competitiveness Report）。這份開創性的報告對 22 國的高齡政策進行深入研究，檢視這些國家面臨的壓力與機會，以及他們在四個領域的政策回應，包括基礎設施、生產機會、科技參與，以及醫療健康。此外，我們特別考慮納入「釋放老年人口生產與經濟潛力」的創新方式。[18] 我和外交政策集團的夥伴克萊兒・凱西（Claire Casey）希望藉著挖掘正在世界各地發生的美好現象，將老年的相關看法從一直以來的負面樣貌，轉為更加實際與積極。

　　總體來說，我們發現沒有一個國家在四個領域都超前，同時較小的國家都做得比大國好。然而，幾乎每個國家都有創新的好例子，每個政府也都在以某種方式為超高齡時代做準備。公私部門都有創新的亮點，這些亮點也常由地區的社群或組織往國家、甚至是全球層面湧現。

　　許多企業部門開始意識到，人類的長壽是塑造企業的最重要力量之一。超高齡時代的轉型可能打開重塑社會的數兆美元商機，在許多情況下，這個改變是往好的方向進行。也許當前最好的例子是氣候變遷；愈來愈多的企業主管認為這是個迫切的議題，也是影響獲利能力的關鍵，不論在公共輿論層面，或是作為貿易壁壘、業務成本。

但如果個人與組織不採取任何行動來解決對老年人的負面偏見，這些改變都不可能發生。倘若國家能迎頭面對年齡歧視，並透過直接融資與投資、稅賦獎勵、設立支持長壽的創新區域，以及支持友善高齡的倡議，那麼國內生產毛額將有可能成長 20% 之多。

　　企業只要能傾全力去解決長壽的問題，在職場上納入較高齡與世代多元的人力，提供他們想要購買、而不只是需要購買的產品與服務時，自然就能獲利。他們可以透過設計實體空間與福利，也可以透過建立崇尚資歷的文化來支持長壽。每個部門都可以在超高齡時代贏得勝利。

　　然而，還有一些非金錢特徵會被時間侵蝕，例如尊嚴與人生目的。偏見阻礙了太多人的目光，使他們無法看見在皺紋、白髮與老花眼鏡背後的那個完整的人。

尋找存在的理由

　　跨越文化與世代，每一個人都在努力尋找目標。法國人稱之為 raison d'être，日本人則稱為 ikigai，意思皆是「存在的理由」。超高齡時代需要不同膚色、信仰、地方的所有民族集結起來，共同塑造一個重視老者與年輕人的世界。我們需要正面迎擊年齡歧視，相信未來的自己，以及彼此所共有的未來。我們的集體目標，至少在此時此地，很可能就是要做出個人生命、家庭、社區、事業與國家經濟所需要的改變，以建立一個更公義、更平等的未來。

未來看起來或許黯淡，但其實無比光明。

致謝

我要感謝我的丈夫 Arthur Yampolsky；我的父母 Carol 和 Gary Schurman；我的兄弟 Christopher，他的妻子 Jennifer 和他們的孩子；努力不懈的勇者、協作者、顧問與朋友 Claire Casey；鼓勵我書寫《超高齡紅利時代》的 Rebecca Frankel 和 Lilian Myers；我的經紀人 Esmond Harmsworth 以及整個 Aevitas Creative 的團隊；謝謝 HarperCollins 團隊的幫助、指導和耐心，包括 Hollis Heimbouch、Rebecca Raskin、Wendy Wong、Leslie Cohen、Viviana Moreno、Penny Makras、Andrea Guinn、Rebecca Holland、Lynn Anderson、Pam Rehm 和 Joe Jasko；我的研究助理 Nick Barracca。

我還要感謝在我的職涯中與我合作、一同構想並執行我對

《超高齡紅利時代》的願景，一個由倡議者、專家與導師所集合組成的全球性網絡，包括 Ramsey Alwin、Willemien Bax、Jee Eun "Geannie" Cho、Erica Dhar、Adam Cuthbert、Brian Elms、Kaye Fallick、Julia Farnen Feldmen、Alison Hernandez、Ellen Hunt、Kristian King、Almar Latour、Nancy LeaMond、Abel Lee、Frank Leyhausen、Ladan Manteghi、Edward Newburn、Henrique Noya、Doug Pace、Nicola Palmarini、Geoff Pearman、Kim Sedmak、Adam Segal、Jeff Tidwell、Chris Vaughan、Arjan in't Veld、Tina Woods、Cynthia Wu、Lisa Yagoda。

我的自選家庭和密友們，包括 Giacamo Abrusci、David Bediz、Mark Bescher、Thomas Bowman、Delphine Francois Chiavarini、Orlando Croft II、Wesley Della Volla、Joaquin "Jocko" Fajardo、Bryce Furness、Matt Glassman、Jeffrey Gullo、Kyriacos Koupparis、Jake Kuhns、Kelly Lazcko、Luke Lewis、Tim Meinke、Maura Mitchell、Gary Mosher、Ski Rowland、Levi Schoenfeld、Tamo Sein、Eric Vermieren、Lynn Zdniak 和 Mike Zdniak。

還有，特別感謝提升並拓展我對種族、性別取向，以及農村生活的理解與觀點的所有人，包括 Jameson Beekman、Stefanie

Cruz、Natalie Graves Tucker、Sheila Hooten Forney、Susan Kaminski、Jessica Kidd、Stephanie Tinsley Reganon 和 CV Viverito。

注釋

第 1 章

1. "Ageing," Global Issues, United Nations, https://www.un.org/en/sections/issues-depth/ageing.
2. "new technologies": Klaus Schwab, *The Fourth Industrial Revolution* (London: Portfolio Penguin, 2017), 6.

第 2 章

1. Benjamin F. Jones, et al., "How Old Are Successful Tech Entrepreneurs?," Kellogg Insight, May 15, 2018.
2. "Life Expectancy at Birth—USA," Human Mortality Database, University of California, Berkeley (USA) and Max Planck Institute for Demographic Research (Germany), https://www.lifetable.de/data/USA/e0.csv Sex Code 1; See "Life expectancy at birth" under Pooled Data Files at https://www.lifetable.de/cgi-bin/country.php?code=usa. The pooled resource pulls the data from Felicitie C. Bell and Michael L. Miller. Life Tables for the United States Social Security Area 1900-2100. Actuarial Study No. 116.
3. Karen Cokayne, "Old Age in Ancient Rome," Bath Royal Literary and Scientific Institution, March 21, 2005, https://www.brlsi.org/proceedings/old-age-in-ancient-rome/.
4. David Brown, "Linguists Identify 15,000-Year-Old 'Ultraconserved Words,'" *Washington Post*, May 6, 2013, https://www.washingtonpost.com/national/health-science/linguists-identify-15000-year-old-ultraconserved-words/2013/05/06/a02e3a14-b427-11e2-9a98-4be1688d7d84_story.html.

5. Karen Cokayne, *Experiencing Old Age in Ancient Rome* (London: Routledge, 2003), 1.
6. Shulamith Shahar, "Who Were Old in the Middle Ages?," *Social History of Medicine* 6, no. 3 (December 1993): 313–41, https://doi.org/10.1093/shm/6.3.313.
7. Vauhini Vara, "The Real Reason for Pensions," *New Yorker*, December 4, 2013, https://www.newyorker.com/business/currency/the-real-reason-for-pensions.
8. Robert L. Clark, Lee A. Craig, and Jack W. Wilson, *A History of Public Sector Pensions in the United States* (Philadelphia: University of Pennsylvania Press, 2003), chap. 1, https://pensionresearchcouncil.wharton.upenn.edu/publications/books/a-history-of-public-sector-pensions-in-the-united-states/.
9. "Otto von Bismarck," Social Security Administration, https://www.ssa.gov/history/ottob.html.
10. "Life Expectancy at Birth— Germany," Human Life Table Database. Retirement age set at 70 according to SSA.gov history: https://www.ssa.gov/history/ottob.html https://www.lifetable.de/data/DEU/e0.csv Year 1881; See "Life expectancy at birth" under Pooled Data Files at https://www.lifetable.de/cgi-bin/country.php?code=usa The pooled resource pulls the data from File 1: Bewegung der Bevölkerung im Jahre 1910, Statistik des Deutschen Reichs, Vol. 246, Berlin 1913, 16–17.
11. Julia Belluz and Alvin Chang, "What Research on English Dukes Can Teach Us About Why the Rich Live Longer," Vox, July 27, 2016, https://www.vox.com/2016/4/25/11501370/health-longevity-inequality-life-expectancy.
12. "Mortality and Causes of Death," World Health Organization, https://www.who.int/gho/child_health/mortality/neonatal_infant/en/.
13. "GBD 2017: A Fragile World," *Lancet* 392, no. 10159 (November 2018): 1683, https://doi.org/10.1016/S0140-6736(18)32858-7.
14. James Gallagher, "'Remarkable' Decline in Fertility Rates," BBC News, November 9, 2018, https://www.bbc.com/news/health-46118103.
15. "Growing at a Slower Pace, World Population Is Expected to Reach 9.7 Billion in 2050 and Could Peak at Nearly 11 Billion Around 2100," Department of Economic and Social Affairs, United Nations, June 17, 2019, https://www.un.org/sustainabledevelopment/blog/2019/06/growing-at-a-slower-pace-world-population-is-expected-to-reach-9-7-billion-in-2050-and-could-peak-at-nearly-11-billion-around-2100-un-report/.
16. "Chinese Birth Rate Falls to Lowest in Seven Decades," BBC News, January 17, 2020, https://www.bbc.com/news/world-asia-china-51145251.
17. Justin Parkinson, "Five Numbers That Sum Up China's One-Child Policy," BBC News, October 29, 2015, https://www.bbc.com/news/magazine-34666440.
18. Joel Kotkin, "Death Spiral Demographics: The Countries Shrinking the Fastest," *Forbes*, February 1, 2017, https://www.forbes.com/sites/joelkotkin/2017/02/01/death-spiral-demographics-the-countries-shrinking-the-fastest/#68eb1b0eb83c.
19. "China," in *Pensions at a Glance 2019: OECD and G20 Indicators*, OECD Publishing,

Paris, https://www.oecd.org/els/public-pensions/PAG2019-country-profile-China.pdf. Also listed under Pensions at a Glance 2015 on pg. 233, https://www.oecd-ilibrary.org/social-issues-migration-health/pensions-at-a-glance-2015_pension_glance-2015-en.

20. Tim G. Parkin, *Old Age in the Roman World: A Cultural and Social History* (Baltimore and London: Johns Hopkins University Press, 2003): In excerpt, https://jhupbooks.press.jhu.edu/title/old-age-roman-world.

21. Cengage, "Status of Older People: The Ancient and Biblical Worlds," Encyclopedia.com, June 2, 2020, https://www.encyclopedia.com/education/encyclopedias-almanacs-transcripts-and-maps/status-older-people-ancient-and-biblical-worlds.

22. Quoted in W. Andrew Achenbaum, "Ageism, Past and Present," in *The Cambridge Handbook of Social Problems*, vol. 1, edited by A. Javier Treviño (Cambridge, UK: Cambridge University Press, 2018), 441–58.

23. Caroline Baum, "The Ugly Truth About Ageism: It's a Prejudice Targeting Our Future Selves," *Guardian*, September 14, 2018, https://www.theguardian.com/lifeandstyle/2018/sep/14/the-ugly-truth-about-ageism-its-a-prejudice-targeting-our-future-selves.

24. "Gendered Ageism: Trend Brief," Catalyst, October 17, 2019, https://www.catalyst.org/research/gendered-ageism-trend-brief/.

25. David Ingles and Miranda Stewart, "The Ghost of the 'Greedy Geezers' Hovers over Our Super Debate," The Conversation, June 9, 2016, https://theconversation.com/the-ghost-of-the-greedy-geezers-hovers-over-our-super-debate-60706.

26. Megan Leonhardt, "Millennials Earn 20% Less than Baby Boomers Did—Despite Being Better Educated," CNBC, November 5, 2019, https://www.cnbc.com/2019/11/05/millennials-earn-20-percent-less-than-boomersdespite-being-better-educated.html.

27. Sara Fischer, "The Boomers' Media Behemoth," Axios, November 12, 2019, https://www.axios.com/the-boomers-media-behemoth-412b5106-f879-477d-806d-6130148956bf.html.

28. Katie Sehl, "20 Important TikTok Stats Marketers Need to Know in 2020," Hootsuite, May 7, 2020, https://blog.hootsuite.com/tiktok-stats/.

29. "Exit Polls 2016," CNN, November 23, 2016, https://www.cnn.com/election/2016/results/exit-polls.

30. Thom File, "Voting in America: A Look at the 2016 Presidential Election," US Census Bureau, May 10, 2017, https://www.census.gov/newsroom/blogs/random-samplings/2017/05/voting_in_america.html.

31. Simon Shuster, "The U.K.'s Old Decided for the Young in the Brexit Vote," *Time*, June 24, 2016, https://time.com/4381878/brexit-generation-gap-older-younger-voters/.

第 3 章

1. "Family Life," *The Roman Empire in the First Century*, PBS, 2006, https://www.pbs.org/empires/romans/empire/family.html.

2. Jesse Greenspan, "The Myth of Ponce de León and the Fountain of Youth," History, April 1, 2020, https://www.history.com/news/the-myth-of-ponce-de-leon-and-the-fountain-of-youth.

3. David Clay Large, *The Grand Spas of Central Europe: A History of Intrigue, Politics, Art, and Healing* (Lanham, MD: Rowman & Littlefield, 2015): In excerpt, https://rowman.com/isbn/9781442222366/the-grand-spas-of-central-europe-a-history-of-in-trigue-politics-art-and-healing.

4. A. Guttmann, "Kids Advertising Spending Worldwide 2012–2021, by Format," Statista, April 7, 2020, https://www.statista.com/statistics/750865/kids-advertising-spending-worldwide/.

5. Marty Swant, "Infographic: Marketers Are Spending 500% More on Millennials than All Others Combined," *Ad Week*, November 17, 2015, https://www.adweek.com/digital/infographic-marketers-are-spending-500-more-millennials-all-others-combined-168176/.

6. "The Age Gap in Religion Around the World," Pew Research Center, June 13, 2018, https://www.pewforum.org/2018/06/13/the-age-gap-in-religion-around-the-world/.

7. Ibid.

8. "Youth and Labor," US Department of Labor, https://www.dol.gov/general/topic/youthlabor.

9. P. A. Graham, *Community and Class in American Education, 1865–1918* (New York: Wiley, 1974).

10. Stephanie Aragon, "Free and Compulsory School Age Requirements," Education Commission of the States, May 2015, https://www.ecs.org/clearinghouse/01/18/68/11868.pdf.

11. Jurgen Herbst, *The Once and Future School: Three Hundred and Fifty Years of American Secondary Education* (New York: Routledge, 1996).

12. Quoted in Allan A. Metcalf, *From Skedaddle to Selfie: Words of the Generations* (New York: Oxford University Press, 2016), 100.

13. Derek Thompson, "A Brief History of Teenagers," *Saturday Evening Post*, February 13, 2018, https://www.saturdayeveningpost.com/2018/02/brief-history-teenagers/.

14. Dwight Macdonald, "A Caste, a Culture, a Market," *New Yorker*, November 22, 1958, https://www.newyorker.com/magazine/1958/11/22/a-caste-a-culture-a-market.

15. John McDonough and Karen Egolf, *The Advertising Age Encyclopedia of Advertising* (Routledge, 2015), 1693.

16. "Chuck Berry Didn't Invent Rock n' Roll, but He Turned It into an Attitude That Changed the World," *Billboard*, March 18, 2017, https://www.billboard.com/articles/columns/rock/7728712/chuck-berry-rock-roll-pioneer-attitude.

17. Louis Menand, "The Misconception About Baby Boomers and the Sixties," *New Yorker*, August 18, 2019, https://www.newyorker.com/culture/cultural-comment/the-misconception-about-baby-boomers-and-the-sixties.

18. Margaret Kane, "Say What? 'Young People Are Just Smarter,'" CNET, March 28, 2007, https://www.cnet.com/news/say-what-young-people-are-just-smarter/.

19. Zameena Mejia, "Self-Made Billionaire Jack Ma: How to Be Successful in Your 20s, 30s, 40s and Beyond," CNBC, January 30, 2018, https://www.cnbc.com/2018/01/30/jack-ma-dont-fear-making-mistakes-in-your-20s-and-30s.html.

20. Pamela N. Danziger, "6 Trends Shaping the Future of the $532B Beauty Business," *Forbes*, September 1, 2019, https://www.forbes.com/sites/pamdanziger/2019/09/01/6-trends-shaping-the-future-of-the-532b-beauty-business/?sh=1a2a13a3588d.

21. Joe Schwarcz, "Why Did Cleopatra Supposedly Bathe in Sour Donkey Milk?," Office for Science and Society, McGill University, March 20, 2017, https://www.mcgill.ca/oss/article/science-science-everywhere-you-asked/why-did-cleopatra-supposedly-bathe-sour-donkey-milk.

22. Taylor Stephan, "A Slightly Terrifying History of Facial Beauty Treatments—from Poison to Blood Injections," E Online, October 26, 2015, https://www.eonline.com/news/710329/a-slightly-terrifying-history-of-facial-beauty-treatments-from-poison-to-blood-injections.

23. Colette Thayer and Laura Skufca, "Media Image Landscape: Age Representation in Online Images," AARP, September 2019, https://www.aarp.org/content/dam/aarp/research/surveys_statistics/life-leisure/2019/age-representation-in-online-media-images.doi.10.26419-2Fres.00339.001.pdf.

24. Katie Kilkenny, "How Anti-Aging Cosmetics Took over the Beauty World," *Pacific Standard*, August 30, 2017, https://psmag.com/social-justice/how-anti-aging-cosmetics-took-over-the-beauty-world.

25. M. Ridder, "Value of the Global Anti-aging Market 2020–2026," Statista, January 27, 2021.

26. Michelle Lee, "*Allure* Magazine Will No Longer Use the Term 'Anti-aging,' " *Allure*, August 14, 2017, https://www.allure.com/story/allure-magazine-phasing-out-the-word-anti-aging.

第 4 章

1. "176-Year-Old 'Darwin's Tortoise' Dies in Zoo," NBC News, June 24, 2006, http://www.nbcnews.com/id/13115101/ns/world_news-asia_pacific/t/-year-old-darwins-tortoise-dies-zoo/#.Xtj44PJ7mgQ.

2. Elizabeth Pennisi, "Greenland Shark May Live 400 Years, Smashing Longevity Record," *Science*, August 11, 2016, https://www.sciencemag.org/news/2016/08/greenland-shark-may-live-400-years-smashing-longevity-record.

3. "Bristlecone Pine," Bryce Canyon National Park, National Park Service, February 24, 2015, https://www.nps.gov/brca/learn/nature/bristleconepine.htm.

4. Ernest Becker, *The Denial of Death* (New York: Free Press, 1973), 27.

5. Bridget Alex, "Chimps Know Death When They See It," *Discover*, September 28, 2018, https://www.discovermagazine.com/planet-earth/chimps-know-death-when-they-see-it.

6. Marisa Fernandez, "American Life Expectancy Fell by 1 Year in the First Half of 2020,"

Axios, February 18, 2021, https://www.axios.com/us-life-expectancy-2020-pandemic-ba166c4b-c29d-4064-9085-4ef6c94fc2df.html.

7. https://www.npr.org/2021/06/23/1009611699/the-pandemic-led-to-the-biggest-drop-in-u-s-life-expectancy-since-ww-ii-study-fi.

8. "Overdose Death Rates," NIH, January 29, 2021, https://www.drugabuse.gov/drug-topics/trends-statistics/overdose-death-rates. Correct statistical although the in text referenced to CDC instead of NIH (pre-submission) "Drug Overdose Deaths," Centers for Disease Control and Prevention, March 3, 2021, https://www.cdc.gov/drugoverdose/deaths/index.html.

9. Steven H. Woolf and Heidi Schoomaker, "Life Expectancy and Mortality Rates in the United States, 1959–2017," JAMA 322, no. 20 (November 26, 2019): 1996--2016, https://doi.org/10.1001/jama.2019.16932.

10. *Fair Society, Healthy Lives: The Marmot Review*, Institute of Health Equity, https://www.instituteofhealthequity.org/resources-reports/fair-society-healthy-lives-the-marmot-review/fair-society-healthy-lives-full-report-pdf.pdf.

11. Ibid.

12. Meagan Flynn, "The Man Who Discovered That Unwashed Hands Could Kill—and Was Ridiculed for It," *Washington Post*, March 23, 2020, https://www.washingtonpost.com/nation/2020/03/23/ignaz-semmelweis-handwashing-coronavirus/.

13. Barbara Jester, Timothy Uyeki, and Daniel Jernigan, "Readiness for Responding to a Severe Pandemic 100 Years After 1918," *American Journal of Epidemiology* 187, no. 12 (2018): 2596–602, https://pubmed.ncbi.nlm.nih.gov/30102376/.

14. Quoted in W. Stull Holt, *The Great War at Home and Abroad: The World War I Diaries and Letters of W. Stull Holt* (Sunflower University Press, 1999), 263, https://www.google.com/books/edition/The_Great_War_at_Home_and_Abroad/053vAAAAMAAJ?hl=en&gbpv=0&kptab=overview; Keith Martin, "The Pandemic Poet and Other Tales From a NIST 'Genealogy' Project" *National Institute of Standards and Technology*, Medium, May 19, 2021, https://nist.medium.com/the-pandemic-poet-and-other-tales-from-a-nist-genealogy-project-9c10d3b5d0d0.

15. Elizabeth Yuko, "How Infectious Disease Defined the American Bathroom," Bloomberg CityLab, April 10, 2020, https://www.bloomberg.com/news/articles/2020-04-10/the-war-against-coronavirus-comes-to-the-bathroom.

16. https://optn.transplant.hrsa.gov/news/organ-donation-again-sets-record-in-2019/.

17. "2017 Profile of Older Americans," US Department of Health and Human Services, April 2018, "U.S.—Seniors as a Percentage of the Population 1950–2050," Statista, last modified January 20, 2021, https://www.statista.com/statistics/457822/share-of-old-age-population-in-the-total-us-population/.

18. "Share of Old Age Population (65 Years and Older) in the Total U.S. Population from 1950 to 2050," Ibid.

19. "Patterns of Childhood Death in America," in *When Children Die: Improving Palliative and End-of-Life Care for Children and Their Families*, edited by Marilyn J. Field and Richard E. Behrman (Washington, DC: National Academies Press, 2003), 41–72, https://www.ncbi.nlm.nih.gov/books/NBK220818/pdf/Bookshelf_NBK220818.pdf.
20. "Children: Reducing Mortality," World Health Organization, September 19, 2019, https://www.who.int/news-room/fact-sheets/detail/children-reducing-mortality.
21. "Get the Facts on Healthy Aging," National Council on Aging, January 1, 2021, https://www.ncoa.org/article/get-the-facts-on-healthy-aging.
22. Doug Irving, "Chronic Conditions in America: Price and Prevalence," RAND, July 12, 2017, https://www.rand.org/blog/rand-review/2017/07/chronic-conditions-in-america-price-and-prevalence.html.
23. Hugh Waters and Marlon Graf, "The Costs of Chronic Disease in the U.S.," Milken Institute, August 28, 2018, https://milkeninstitute.org/reports/costs-chronic-disease-us.
24. Julianne Holt-Lunstad et al., "Loneliness and Social Isolation as Risk Factors for Mortality: A Meta-Analytic Review," *Perspectives on Psychological Science* 10, no. 2 (March 2015): 227–37, https://journals.sagepub.com/doi/10.1177/1745691614568352.
25. Kunlin Jin, "Modern Biological Theories of Aging," *Aging and Disease* 1, no. 2 (October 2010): 72–74, https://www.ncbi.nlm.nih.gov/pmc/articles/PMC2995895/.
26. Interview with author.

第 5 章

1. Eric Schurenberg and Lani Luciano, "The Empire Called AARP Under Its Nonprofit Halo, the American Association of Retired Persons Is a Feared Lobbyist and an Even More Awesome Marketer," *Money*, October 1, 1988, https://money.cnn.com/magazines/moneymag/moneymag_archive/1988/10/01/84702/.
2. "Obituary: AARP Founder, Philanthropist Leonard Davis, 76," USC News, January 24, 2001, https://news.usc.edu/6078/Obituary-AARP-founder-philanthropist-Leonard-Davis-76/.
3. Trevor Perry, "Sun City: A Revolution," https://saltriverstories.org/items/show/402.
4. Kriston McIntosh et al., "Examining the Black-White Wealth Gap," Brookings, February 27, 2020, https://www.brookings.edu/blog/up-front/2020/02/27/examining-the-black-white-wealth-gap/.
5. William E. Gibson, "Nearly Half of Americans 55+ Have No Retirement Savings" AARP, March 28, 2019, https://www.aarp.org/retirement/retirement-savings/info-2019/no-retirement-money-saved.html.
6. "Get the Facts on Economic Security for Seniors," NCOA, March2, 2021, https://www.ncoa.org/article/get-the-facts-on-economic-security-for-seniors.
7. Tommy Beer, "The Net Worth of America's 600-Plus Billionairs Has Increased By More

Than $400 Billion During the Pandemic," *Forbes*, May 21, 2020, Accessed August 23, 2021, https://www.forbes.com/sites/tommybeer/2020/05/21/the-net-worth-of-americas-600-plus-billionaires-has-increased-by-more-than-400-billion-during-the-pandemic/?sh=356a2ef84a61.

8. "Geography, Income Play Roles in Life Expectancy, New Stanford Research Shows," Stanford News, April 11, 2016, https://news.stanford.edu/2016/04/11/geography-income-play-roles-in-life-expectancy-new-stanford-research-shows/.

9. "Large Life Expectancy Gaps in U.S. Cities Linked to Racial & Ethnic Segregation by Neighborhood," NYU Langone Health, June 5, 2019, https://nyulangone.org/news/large-life-expectancy-gaps-us-cities-linked-racial-ethnic-segregation-neighborhood.

10. Louise Sundberg et al., "Why Is the Gender Gap in Life Expectancy Decreasing? The Impact of Age-and Cause-Specific Mortality in Sweden 1997–2014," *International Journal of Public Health* 63, no. 6 (2018): 673–81.

11. "Older Women & Poverty," Justice in Aging, December 2018, https://www.justiceinaging.org/wp-content/uploads/2018/12/Older-Women-and-Poverty.pdf.

12. Jasmine Tucker, "It's 2020, and Black Women Aren't Even Close to Equal Pay," National Women's Law Center, July 27, 2020, https://nwlc.org/resources/its-2020-and-black-women-arent-even-close-to-equal-pay/.

13. Amanda Fins, "Women and the Lifetime Wage Gap: How Many Woman Years Does It Take to Equal 40 Man Years?," National Women's Law Center, March 2020, https://nwlc-ciw49tixgw5lbab.stackpathdns.com/wp-content/uploads/2020/03/Women-and-the-Lifetime-Wage-Gap.pdf.

14. "Age and Sex Composition in the United States: 2019," US Census Bureau, 2019, https://www.census.gov/data/tables/2019/demo/age-and-sex/2019-age-sex-composition.html.

15. "U.S.—Seniors as a Percentage of the Population 1950–2050," Statista, September 24, 2020, https://www.statista.com/statistics/457822/share-of-old-age-population-in-the-total-us-population/; https://justiceinaging.org/wp-content/uploads/2020/08/Older-Wom-en-and-Poverty.pdf.

16. "U.S. Financial Health Pulse: 2019 Trends Report," Financial Health Network, November 2019, https://s3.amazonaws.com/cfsi-innovation-files-2018/wp-content/uploads/2019/11/13204428/US-Financial-Health-Pulse-2019.pdf.

17. "Planning & Progress Study 2019," Northwestern Mutual, 2019, https://news.northwesternmutual.com/planning-and-progress-2019.

18. *19th Annual Transamerica Retirement Survey: A Compendium of Findings About U.S. Workers*, Transamerica Center for Retirement Studies, December 2019, https://www.transamericacenter.org/docs/default-source/retirement-survey-of-workers/tcrs2019_sr_19th-annual_worker_compendium.pdf.

19. "Actuarial Life Table," Social Security Administration, 2019, https://www.ssa.gov/oact/STATS/table 4c6.html.

20. Andrew Van Dam, "A Record Number of Folks Age 85 and Older Are Working. Here's What They're Doing," *Washington Post*, July 5, 2018, https://www.washingtonpost.com/news/wonk/wp/2018/07/05/a-record-number-of-folks-age-85-and-older-are-working-heres-what-theyre-doing/.

21. Pierre Azoulay et al., "Age and High-Growth Entrepreneurship," *American Economic Review: Insights* 2, no. 1 (2020): 65–82, https://pubs.aeaweb.org/doi/pdfplus/10.1257/aeri.20180582.

22. "Despite Lower Revenues and Slower Growth, Women-Owned Businesses Survive at Same Rate as Male Entrepreneurs, According to New JPMorgan Chase Institute Data," JPMorgan Chase & Co., February 7, 2019, https://institute.jpmorganchase.com/institute/news-events/institute-women-owned-businesses-survive-at-same-rate-as-male-entrepreneurs.

23. Harry Campbell, "Lyft & Uber Driver Survey 2019: Uber Driver Satisfaction Takes a Big Hit," The Rideshare Guy, February 24, 2021, https://therideshareguy.com/uber-driver-survey/.

第 6 章

1. Jennifer E. Manning, "Membership of the 116th Congress: A Profile," Congressional Research Service, December 17, 2020, https://fas.org/sgp/crs/misc/R45583.pdf.

2. Mobilewalla, "New Report Reveals Demographics of Black Lives Matter Protesters Shows Vast Majority Are White, Marched Within Their Own Cities," PR Newswire, June 18, 2020, https://www.prnewswire.com/news-releases/new-report-reveals-demographics-of-black-lives-matter-protesters-shows-vast-majority-are-white-marched-within-their-own-cities-301079234.html.

3. Ibid.

4. Report of the World Assembly on Aging, United Nations, Vienna, July 26–August 6, 1982, https://www.un.org/esa/socdev/ageing/documents/Resources/VIPEE-English.pdf.

5. Ed Snape and Tom Redman, "Too Old or Too Young? The Impact of Perceived Age Discrimination," *Human Resource Management Journal* 13, no. 1 (2006): 78–89, https://doi.org/10.1111/j.1748-8583.2003.tb00085.x.

6. Alison L. Chasteen, Michelle Horhota, and Jessica J. Crumley-Branyon, "Overlooked and Underestimated: Experiences of Ageism in Young, Middle-Aged, and Older Adults," *Journals of Gerontology, Series B*, April 3, 2020, https://doi.org/10.1093/geronb/gbaa043.

7. Bess Levin, "Texas Lt. Governor: Old People Should Volunteer to Die to Save the Economy," *Vanity Fair*, March 24, 2020, https://www.vanityfair.com/news/2020/03/dan-patrick-coronavirus-grandparents.

8. Justin Fox, "Coronavirus Deaths by Age: How It's like (and Not like) Other Disease," Bloomberg Opinion, May 7, 2020, https://www.bloomberg.com/opinion/articles/2020-05-07/comparing-coronavirus-deaths-by-age-with-flu-driving-fatalities.

9. Nancy Ochieng et al., "Factors Associated with COVID-19 Cases and Deaths in Long-Term Care Facilities: Findings from a Literature Review," Kaiser Family Foundation, January 14, 2021, https://www.kff.org/coronavirus-covid-19/issue-brief/factors-associated-with-covid-19-cases-and-deaths-in-long-term-care-facilities-findings-from-a-literature-review/.

10. Rebecca Perron, "The Value of Experience: Age Discrimination Against Older Workers Persists," https://www.aarp.org/content/dam/aarp/research/surveys_statistics/econ/2018/value-of-experience-age-discrimination-highlights.doi.10.26419-2Fres.00177.002.pdf.

11. Peter Gosselin, "If You're over 50, Chances Are the Decision to Leave a Job Won't Be Yours," ProPublica, December 28, 2018, https://www.propublica.org/article/older-workers-united-states-pushed-out-of-work-forced-retirement.

12. Quoted in Bradley Schurman and T. J. Londagin, "Viewpoint: The Public Sector Needs to Invest in Older Workers," SHRM, May 3, 2019, https://www.shrm.org/resourcesandtools/hr-topics/employee-relations/pages/public-sector-must-invest-in-older-workers.aspx.

13. L. Smith et al., "Inequality in 1,200 Popular Films: Examining Portrayals of Gender, Race/Ethnicity, LGBTQ & Disability from 2007 to 2018," Annenberg Foundation and University of Southern California, September 2019, http://assets.uscannenberg.org/docs/aii-inequality-report-2019-09-03.pdf.

14. Tara L. Gruenewald et al, "Feelings of Usefulness to Others, Disability, and Mortality in Older Adults: The MacArthur Study of Successful Aging," *The Journals of Gerontology*, January 1, 2007, https://academic.oup.com/psychsocgerontology/article/62/1/P28/572495.

15. Becca R. Levy et al., "Ageism Amplifies Cost and Prevalence of Health Conditions," *Gerontologist* 60, no.1(January24,2020):174–81, https://doi.org/10.1093/geront/gny131, https://academic.oup.com/gerontologist/article/60/1/174/5166947.

16. Michael Greenwood, "Harmful Effects of Ageism on Older Persons' Health Found in 45 Countries," *Yale News*, January 15, 2020, https://news.yale.edu/2020/01/15/harmful-effects-ageism-older-persons-health-found-45-countries.

17. M. S. North and S. T. Fiske, "A Prescriptive Intergenerational-Tension Ageism Scale: Succession, Identity, and Consumption (SIC)," *Psychological Assessment* 25, no. 3 (2013): 706–13, https://doi.org/10.1037/a0032367.

18. "PwC Golden Age Index: Unlocking a Potential $3.5 Trillion Prize from Longer Working Lives," PwC, June 2018, https://www.pwc.com/gx/en/news-room/docs/pwc-golden-age-index.pdf.

19. Kenneth Terrell, "Age Discrimination Common in Workplace, Survey Says," AARP, August 2, 2018, https://www.aarp.org/work/working-at-50-plus/info-2018/age-discrimination-common-at-work.html.

20. Matt Shipman, "Older Is Wiser: Study Shows Software Developers' Skills Improve over Time," *NC State University News*, April 29, 2013, https://news.ncsu.edu/2013/04/wms-murphyhill-age-2013/.

21. M. Szmigiera, "Largest Companies in the World Based on Number of Employees 2019,"

Statista, March 20, 2021, https://www.statista.com/statistics/264671/top-50-companies-based-on-number-of-employees/.

22. Peter Gosselin, "The U.S. Equal Employment Opportunity Commission Confirms a Pattern of Age Discrimination at IBM," *Propublica*, September 11, 2020, https://www.propublica.org/article/the-u-s-equal-employment-opportunity-commission-confirms-a-pattern-of-age-discrimination-at-ibm.

23. EEOC Acting Chair Lipnic Releases Report on the State of Older Workers and Age Discrimination 50 Years After the ADEA," US Equal Employment Opportunity Commission, June 26, 2018, https://www.eeoc.gov/newsroom/eeoc-acting-chair-lipnic-releases-report-state-older-workers-and-age-discrimination-50.

24. Jennifer Delton, *Racial Integration in Corporate America, 1940–1990* (Cambridge, UK: Cambridge University Press, 2009), 47.

25. Rocío Lorenzo et al., "How Diverse Leadership Teams Boost Innovation," Boston Consulting Group, January 23, 2018, https://www.bcg.com/publications/2018/how-diverse-leadership-teams-boost-innovation.

26. Wolfgang Fengler, "The silver economy is coming of age: A look at the growing spending power of seniors," January 14, 2021, Brookings, https://www.brookings.edu/blog/future-development/2021/01/14/the-silver-economy-is-coming-of-age-a-look-at-the-growing-spending-power-of-seniors/.

第 7 章

1. Jon Emont, "The Growing Urban-Rural Divide Around the World," *Atlantic*, January 4, 2017, https://www.theatlantic.com/international/archive/2017/01/electoral-college-trump-argentina-malaysia-japan-clinton/512153/.

2. XinQi Dong, "Elder Rights in China," NCBI, August 12, 2020, https://www.ncbi.nlm.nih.gov/pmc/articles/PMC7422934/.

3. "Family Farms," National Institute of Food and Agriculture, https://nifa.usda.gov/family-farms.

4. "Rural America at a Glance: 2018 Edition," Economic Research Service, United States Department of Agriculture, November 2018, https://www.ers.usda.gov/webdocs/publications/90556/eib-200.pdf.

5. Ibid.

6. University of New Hampshire, "Shrinking population in more than a third of rural U.S. counties," *Science News*, February 6, 2019, https://www.sciencedaily.com/releases/2019/02/190206115611.htm.

7. Art Cullen, "Rural America Is Ready for Some Sort of a New Deal, Preferably Green," *Guardian*, March 15, 2019, https://www.theguardian.com/commentisfree/2019/mar/15/rural-america-is-ready-for-some-sort-of-a-new-deal-preferably-green.

8. Austa Somvichian-Clausen, "Life-Size Dolls Have Taken over This Near-Deserted Town," *National Geographic*, October 10, 2017, https://www.nationalgeographic.com/news/2017/10/japan-dolls-population-artist-nagoro-spd/.

9. "Rural America at a Glance," US Department of Agriculture, November 2018, https://www.ers.usda.gov/webdocs/publications/90556/eib-200.pdf; "Rural Health," CDC, July 1, 2019, https://www.cdc.gov/chronicdisease/resources/publications/factsheets/rural-health.htm; "Gender Differences in Social Isolation and Social Support among Rural Residents," University of Minnesota Rural Health Research Center, August 2018, https://rhrc.umn.edu/wp-content/files_mf/1532458325UMNpolicybriefsocialisolationgenderdifferences. pdf.

10. "Trends in Fertility and Mother's Age at First Birth Among Rural and Metropolitan Counties: United States, 2007–2017," CDC, October 2018, https://www.cdc.gov/nchs/products/databriefs/db323.htm.

11. Kim Parker et al., "What Unites and Divides Urban, Suburban and Rural Communities," Pew Research Center, May 22, 2018. https://www.pewsocialtrends.org/2018/05/22/demographic-and-economic-trends-in-urban-suburban-and-rural-communities/.

12. Andrew Schaefer and Marybeth J. Mattingly, "Demographic and Economic Characteristics of Immigrant and Native-Born Populations in Rural and Urban Places," Carsey Research National Issue Brief no. 106, University of New Hampshire, Fall 2016, https://scholars.unh.edu/cgi/viewcontent.cgi?article=1283&context=carsey.

13. Anne Case and Angus Deaton, *Deaths of Despair and the Future of Capitalism* (Princeton, NJ: Princeton University Press, 2020), 40.

14. "Rural Opioid Epidemic," American Farm Bureau Federation, https://www.fb.org/issues/other/rural-opioid-epidemic/.

15. "Urban–rural Differences in Drug Overdose Death Rates, by Sex, Age, and Type of Drugs Involved, 2017," CDC, August 2019, https://www.cdc.gov/nchs/products/databriefs/db345.htm.

16. Asha Z. Ivey-Stephenson et al, "Suicide Trends Among and Within Urbanization Levels by Sex, Race/Ethnicity, Age Group, and Mechanism of Death—United States, 2001–2015," *MMWR* Surveillance Summary 2017; 66(No. SS-18):1–16, http://dx.doi.org/10.15585/mmwr.ss6618a1, https://www.cdc.gov/mmwr/volumes/66/ss/ss6618a1.htm.

17. "Suicide Statistics," American Foundation for Suicide Prevention, March 1, 2020, https://afsp.org/suicide-statistics/.

18. Danielle L. Steelesmith et al., "Contextual Factors Associated with County-Level Suicide Rates in the United States, 1999 to 2016," *JAMA Network Open* 2, no. 9 (2019): e1910936, doi:10.1001/jamanet workopen.2019.10936.

19. "The Rural Health Safety Net Under Pressure: Rural Hospital Vulnerability," The Chartis Group, February 2020, https://www.ivantageindex.com/wp-content/uploads/2020/02/CCRH_Vulnerability-Research_FiNAL-02.14.20.pdf.

20. "The Rural Health Safety Net Under Pressure: Understanding the Potential Impact of

COVID-19," The Chartis Group, April 2020, https://www.chartis.com/resources/files/CCRH_Research_Update-Covid-19.pdf.

21. Ibid.

22. Lucy Skinner et al., "Implications of an Aging Rural Physician Workforce," *New England Journal of Medicine* 381 (July 25, 2019): 299–301, doi: 10.1056/NEJMp1900808.

23. "2020 Survey of America's Physicians: COVID-19 Impact Edition," The Physicians Foundation, August 2020, http://physiciansfoundation.org/wp-content/uploads/2020/08/20-1278-Merritt-Hawkins-2020-Physicians-Foundation-Survey.6.pdf.

24. Olugbenga Ajilore, "Economic Recovery and Business Dynamism in Rural America," Center for American Progress, February 20, 2020, https://cdn.americanprogress.org/content/uploads/2020/02/20114441/DynamismRural-brief.pdf.

25. Board of Governors of the Federal Reserve System, "Perspectives from Main Street: Bank Branch Access in Rural Communities," Federal Reserve, November 2019, https://www.federalreserve.gov/publications/files/bank-branch-access-in-rural-communities.pdf.

26. "Biden-Harris Administration Extends Moratorium on Residential Evictions in USDA Multifamily Housing Communities in Accordance with CDC Guidance," United States Department of Agriculture, March 29, 2021, https://www.usda.gov/media/press-releases/2021/03/29/biden-harris-administration-extends-moratorium-residential.

27. Japan Post Group, Annual Report, Year Ended March 31, 2018, https://www.japanpost.jp/en/ir/library/disclosure/2018/pdf/all.pdf, 26.

28. Jane Hanks, "Postal Workers Will Watch over Your Elderly Parents," Connexion, May 15, 2017, https://www.connexionfrance.com/French-news/Postal-workers-will-watch-over-your-elderly-parents.

29. Ibid.

30. Christopher W. Shaw, "Postal Banking Is Making a Comeback. Here's How to Ensure It Becomes a Reality," *Washington Post*, July 21, 2020, https://www.washingtonpost.com/outlook/2020/07/21/postal-banking-is-making-comeback-heres-how-ensure-it-becomes-reality/.

31. Kevin Peachey, "A New Rural Bank Branch Opening! What's Going On?," BBC News, February 9, 2020, https://www.bbc.com/news/business-51372724.

32. "What does KOTOEN mean?," © 2016, Kotoen, http://www.kotoen.or.jp/about/english.

33. Laura Richter and Tobias Silberzahn, "Germany's e-Health Infrastructure Strengthens, but Digital Uptake Is Lagging," McKinsey & Company, December 11, 2020, https://www.mckinsey.com/industries/pharmaceuticals-and-medical-products/our-insights/germanys-e-health-infrastructure-strengthens-but-digital-uptake-is-lagging.

34. "Improving Health Care Through Technology," US Department of Veterans Affairs, https://connectedcare.va.gov/terms/connected-health/single/About.

35. "Space for Sharing," Yoshino Cedar House, https://www.yoshinocedarhouse.com/.

36. Masatsugu Horie, "Uber embarks on unconventional strategy in Japanese countryside,"

JapanTimes, October 24, 2016, https://www.japantimes.co.jp/news/2016/10/24/business/uber-embarks-unconventional-strategy-japanese-countryside/.

37. Cailey Rizzo, "This Italian Town Will Give You a Free House and Pay You to Raise a Child There,": *Travel & Leisure*, November 4, 2019, https://www.travelandleisure.com/travel-news/cammarata-sicily-italy-paying-families-to-move-there; Julia Buckley, "The Millennials Using Covid to Change Sicily's € 1 Home Schemes," CNN Travel, May 25, 2021, https://www.cnn.com/travel/article/cammarata-sicily-1-euro-homes-streetto/index.html.

38. "Hi, Remote Workers! We'll Pay You to Work from Tulsa. You're Going to Love It Here," Tulsa Remote, © 2021, https://tulsaremote.com/.

39. "2016 Small Business Credit Survey: Report on Rural Employer Firms," Federal Reserve Bank of Richmond and Federal Reserve Bank of Atlanta, December 2017, https://www.richmondfed.org/-/media/richmondfedorg/community_development/resource_centers/small_business/pdf/credit_survey/sbcs_report_rural_employer_firms_2016.pdf.

40. "Five-Year Plan for Business Succession Formulated," Ministry of Economy, Trade, and Industry, Japan, July 7, 2017, https://www.meti.go.jp/english/press/2017/0707_001.html.

第 8 章

1. "Survival to Age 65, Male (% of Cohort)," The World Bank, November 2019, https://data.worldbank.org/indicator/SP.DYN.TO65.MA.ZS.

2. Kaisa Koivunen et al., "Cohort Differences in Maximal Physical Performance: A Comparison of 75- and 80-Year-Old Men and Women Born 28 Years Apart," *Journals of Gerontology, Series A*, September 4, 2020, glaa224, https://doi.org/10.1093/gerona/glaa224.

3. Richard Fry, Jeffrey S. Passel, and D'Vera Cohn, "A Majority of Young Adults in the U.S. Live with Their Parents for the First Time Since the Great Depression," Pew Research Center, September 4, 2020, https://www.pewresearch.org/fact-tank/2020/09/04/a-majority-of-young-adults-in-the-u-s-live-with-their-parents-for-the-first-time-since-the-great-depression/.

4. Quoctrung Bui and Claire Cain Miller, "The Age That Women Have Babies: How a Gap Divides America," *New York Times*, August 4, 2018, https://www.nytimes.com/interactive/2018/08/04/upshot/up-birth-age-gap.html.

5. Reade Pickert, "Young Homebuyers Are Vanishing from the U.S.," Bloomberg, November 8, 2019, https://www.bloomberg.com/news/articles/2019-11-08/young-homebuyers-vanish-from-u-s-as-median-purchasing-age-jumps.

6. Jessica Lautz, "Age of Buyers Is Sky-rocketing . . . But Not for Who You Might Think," National Association of Realtors, January 13, 2020, https://www.nar.realtor/blogs/economists-outlook/age-of-buyers-is-skyrocketing-but-not-for-who-you-might-think.

7. "Zillow: Average First-Time Home-buyer 33 Years of Age," National Mortgage

Professional, August 20, 2015, https://nationalmortgageprofessional.com/news/55433/zillow-average-first-time-homebuyer-33-years-age.

8. Vera van den Berg et al., "Euthanasia and Physician-Assisted Suicide in Patients with Multiple Geriatric Syndromes," *JAMA Internal Medicine* 181, no. 2 (2021): 245–50, doi: 10.1001/jamainternmed.2020.6895.

9. "Precompose," Recompose, https://recompose.life/precompose/.

10. "Statistics," The National Funeral Directors Association, July 18, 2019, https://nfda.org/news/statistics.

11. Natasha Levy, "Exit Here funeral parlour is designed to have 'the eclectic feel of home'," *De-zeen*, October 30, 2019, https://www.dezeen.com/2019/10/30/exit-here-funeral-parlour-death/.

12. "Welcome to the Order. Welcome to Your Mortality," Order of the Good Death, © 2021, http://www.orderofthegooddeath.com/about.

13. Mikey Campbell, "Apple Watch, Other Wearables Increasingly Used to Manage Chronic Health Conditions, Study Says," Apple Insider, August 18, 2018, https://appleinsider.com/articles/18/08/30/apple-watch-other-wearables-increasingly-used-to-manage-chronic-health-conditions-study-says.

14. Bernard Desarnauts, "One Year In and Only Now Are We Getting to Know Apple Watch Owners," Medium, April 19, 2016, https://medium.com/wristly-thoughts/one-year-in-and-only-now-are-we-getting-to-know-apple-watch-owners-db60d565d041.

15. Alicia Phaneuf, "The Number of Health and Fitness App Users Increased 27% from Last Year," eMarketer, July 20, 2020, https://www.emarketer.com/content/number-of-health-fitness-app-users-increased-27-last-year.

16. Martin Belam and Joanna Partridge, "Peloton loses $1.5bn in value over 'dystopian, sexist' exercise bike ad," *The Guardian*, December 4, 2019, https://www.theguardian.com/media/2019/dec/04/peloton-backlash-sexist-dystopian-exercise-bike-christmas-advert; Lauren Thomas, "Peloton thinks it can grow to 100 million subscribers. Here's how," *CNBC*, September 15, 2020. https://www.cnbc.com/2020/09/15/peloton-thinks-it-can-grow-to-100-million-subscribers-heres-how.html.

17. Uptin Saiidi, "Pedaling to dominate the stationary bike industry," *CNBC*, January 11, 2016, https://www.cnbc.com/2016/01/08/pelotons-race-for-home-cycling.html.

18. Rachel Valerio, "Fitness Industry Roundup: Millennials Are Good for Business," IHRSA, October 4, 2019, https://www.ihrsa.org/improve-your-club/industry-news/fitness-industry-roundup-millennials-are-good-for-business/.

19. "EyeglassesTimeline," Luxottica, © 2020, https://www.luxottica.com/en/about-us/museo-dellottica/eyeglasses-timeline.

20. "The Fastest Growing Brands of 2020," Morning Consult, © 2021, https://morningconsult.com/fastest-growing-brands-2020/.

21. "Elastic Generation: The Female Edit," Wunderman Thompson, January 2018, https://

intelligence.wundermanthompson.com/trend-reports/elastic-generation-female-edit/.

22. Marie Stafford, "Elastic Generation: The Female Edit," The Innovation Group, December 2017, https://marcommnews.com/wp-content/uploads/2018/01/234000_Elastic-Generation-The-Female-Edit.-FINAL.pdf.

第 9 章

1. "Civilian Labor Force Participation Rate by Age, Sex, Race, and Ethnicity," US Bureau of Labor Statistics, September 1, 2020, https://www.bls.gov/emp/tables/civilian-labor-force-participation-rate.htm.

2. Manasi Sakpal, "Diversity and Inclusion Build High-Performance Teams," Smarter with Gartner, September 20, 2019, https://www.gartner.com/smarterwithgartner/diversity-and-inclusion-build-high-performance-teams/.

3. "Accelerating Business with an Age-Diverse Workforce," Randstad, February 26, 2020, https://www.randstad.com/workforce-insights/future-of-work/accelerating-business-with-an-age-diverse-workforce/.

4. How to Engage Different Age Groups in Your Workplace," CV Library, June 7, 2019, https://www.cv-library.co.uk/recruitment-insight/engage-different-age-groups-your-workplace/.

5. "Accelerating Business with an Age-Diverse Workforce," Randstad.

6. Oliver Staley, "How the Average Age of CEOs and CFOs Has Changed Since 2012," Quartz, September 11, 2017, https://qz.com/1074326/how-the-average-age-of-ceos-and-cfos-has-changed-since-2012/.

7. "Volatility Report 2020," Crist|Kolder Associates, https://www.cristkolder.com/media/2697/volatility-report-2020-americas-leading-companies.pdf.

8. Jane Johnson, "70 Is the New 50: Aging CEOs Provide Both Opportunities and Challenges for Businesses," Business Transition Academy, June 12, 2019, https://www.businesstransitionacademy.com/strategic-business-planning-blog/70-is-the-new-50-aging-ceos-provide-both-opportunities-and-challenges-for-businesses; "Crist|Kolder Associates: Volatility Report 2018," Crist|Kolder Associates, https://www.cristkolder.com//media/2135/volatility-report-2018-americas-leading-companies..pdf; "Spotlight Series–The CEO 100, 2019 Edition," *Harvard Business Review*, November 2019, https://hbr.org/2019/11/the-best-performing-ceos-in-the-world-2019.

9. "Providing More Insight into the Small Business Owner," Business Information Solutions, Experian, September 2007, https://www.experian.com/whitepapers/BOLStudy_Experian.pdf.

10. David P. Costanza et al., "Generational Differences in Work-Related Attitudes: A Meta-analysis," *Journal of Business and Psychology* 27 (2012): 375–94, https://doi.org/10.1007/s10869-012-9259-4.

11. "Alibaba Targets China's Aging Population With 'Taobao for Elders'," *Alizila*, February 1, 2018, https://www.alizila.com/alibaba-targets-chinas-aging-population-with-taobao-for-elders/.

12. Liu Caiyu,"Taobao Job Ad Seeking Two Square Dancing Senior Citizens Goes Viral," *Global Times*, January 18, 2018, https://www.globaltimes.cn/content/1085533.shtml.

13. Tara Francis Chan, "Alibaba Said It Would Hire Staff Older Than 60 and Received 1,000 Applications in 24 Hours," *Insider*, January 22, 2018, https://www.businessinsider.com/taobao-hiring-senior-staff-like-the-intern-movie-2018-1.

14. "B&Q and Ageing Workers," *Occupational Medicine*, © 2021, https://www.som.org.uk/bq-and-ageing-workers.

15. Shunichi Miyanaga, "The Business Case for Older Workers," AARP International, January 1, 2017, https://www.aarpinternational.org/the-journal/current-edition/journal-articles-blog/2017/01/the-business-case-for-older-workers.

16. Patrick McGee, "Germany Invests to Prolong Employees' Working Lives," *Financial Times*, January 17, 2019, https://www.ft.com/content/f1b294b8-9cbe-11e8-88de-49c908b1f264.

17. Miklos Bolza, "How Two Aussie Firms Are Winning over Older Workers," Human Resource Director, August 8, 2016, https://www.hcamag.com/au/specialisation/diversity-inclusion/how-two-aussie-firms-are-winning-over-older-workers/146545.

18. CVS Caremark Snowbird Program, The Center on Aging and Work, © 2012, http://capricorn.bc.edu/agingandwork/database/browse/case_study/24047.

19. "Hiring Older Workers Is Suddenly In Season," Next Avenue, November 17, 2017, https://www.forbes.com/sites/nextavenue/2017/11/17/hiring-older-workers-is-suddenly-in-season/?sh=81e1022e8808.

20. Paul Davidson, "Older Workers Get Flexible Hours, Work-At-Home Options to Keep Them from Retirement," *USA Today*, May 22, 2018, https://www.usatoday.com/story/money/2018/05/21/retirement-delayed-firms-keep-older-workers-hire-retirees/613722002/.

21. "Employer Tenure Summary,"US Bureau of Labor Statistics, September 22, 2020, https://www.bls.gov/news.release/tenure.nr0.htm.

22. Quoted in Bradley Schurman and T. J. Londagin, "Viewpoint: The Public Sector Needs to Invest in Older Workers," SHRM, May 3, 2019, https://www.shrm.org/resourcesandtools/hr-topics/employee-relations/pages/public-sector-must-invest-in-older-workers.aspx.

23. Ibid.

24. "I'm Proof That Age Is Not a Barrier for Apprenticeships," Barclays, May 30, 2019, https://home.barclays/news/2019/05/-i-m-proof-that-age-is-not-a-barrier-for-apprenticeships-/.

25. "FY 2019 Data and Statistics," US Department of Labor, https://www.dol.gov/agencies/eta/apprenticeship/about/statistics/2019.

26. "New BMW Owner Demographics: Income, Age, Gender and More," Hedges & Company, March 2019, https://hedgescompany.com/blog/2019/03/new-bmw-owner-

demographics/#bmw_owner_demographics_average_age_of_a_bmw_owner.

第 10 章

1. Chuck Sudo, "Senior Housing Occupancy Falls to Another Record Low in Q3," Senior Housing News, October 15, 2020, https://seniorhousingnews.com/2020/10/15/senior-housing-occupancy-falls-to-another-record-low-in-q3/.
2. Kim Parker et al., "Demographic and Economic Trends in Urban, Suburban and Rural Communities," Pew Research Center, May 22, 2018, https://www.pewresearch.org/social-trends/2018/05/22/demographic-and-economic-trends-in-urban-suburban-and-rural-communities/.
3. Jennifer Molinsky, "The Future of Renting Among Older Adults," Joint Center for Housing Studies of Harvard University, February 3, 2016, https://www.jchs.harvard.edu/blog/the-future-of-renting-among-older-adults.
4. Stephanie Horan, "Where Retirees Are Moving—2020 Edition," SmartAsset, March 10, 2020, https://smartasset.com/financial-advisor/where-retirees-are-moving-2020.
5. "Empty Nest? Leave the Boring 'Burbs Behind and Move Back to the City for a Better Social Life," High50, March 2, 2015, https://high50.com/homes/why-empty-nesters-are-moving-back-to-the-city.
6. Richard Fry, Jeffrey S. Passel, and D'Vera Cohn, "A Majority of Young Adults in the U.S. Live with Their Parents for the First Time Since the Great Depression," Pew Research Center, September 4, 2020, https://www.pewresearch.org/fact-tank/2020/09/04/a-majority-of-young-adults-in-the-u-s-live-with-their-parents-for-the-first-time-since-the-great-depression/.
7. Nicholas Farber et al., "Aging in Place: A State Survey of Livability Policies and Practices," National Conference of State Legislatures and AARP Public Policy Institute, December 2011, https://assets.aarp.org/rgcenter/ppi/liv-com/ib190.pdf.
8. "Important Facts About Falls," Centers for Disease Control and Prevention, February 10, 2017, https://www.cdc.gov/homeandrecreationalsafety/falls/adultfalls.html.
9. "The Aging Readiness & Competitiveness Report," AARP International, https://arc.aarpinternational.org/File%20Library/Full%20Reports/ARC-Report---Germany.pdf.
10. "Housing our Ageing Population: Panel for Innovation (HAPPI)," 2009, https://www.housinglin.org.uk/_assets/Resources/Housing/Support_materials/Other_reports_and_guidance/Happi_Final_Report.pdf.
11. Erin Carlyle, "Baby Boomers and Gen Xers Drove Remodeling and Spending in 2019," Houzz, June 30, 2020, https://www.houzz.com/magazine/baby-boomers-and-gen-xers-drove-remodeling-and-spending-in-2019-stsetivw-vs~137253690.
12. Irina Lupa, "The Decade in Housing Trends: High-Earning Renters, High-End Apartments and Thriving Construction," RENT-Café, December 16, 2019, https://www.rentcafe.com/

blog/rental-market/market-snapshots/renting-america-housing-changed-past-decade/.

13. "Home Page" Module Housing, https://www.modulehousing.com/.

14. "The Aging Readiness & Competitiveness Report," AARP International, https://arc.aarpinternational.org/countries/israel

15. "About the Global Network for Age-friendly Cities and Communities," World Health Organization, https://extranet.who.int/agefriendlyworld/who-network/.

16. "Case Study: The Age-friendly Programme in Akita City," World Health Organization, https://extranet.who.int/agefriendlyworld/resources/age-friendly-case-studies/akita-city/.

17. "Better Benches and Bus Stop Shelters," AARP, August 2015, https://www.aarp.org/livable-communities/network-age-friendly-communities/info-2015/domain-2-new-york-city-bus-bench-program.html.

18. https://www.architecture.com/-/media/gathercontent/age-friendly-handbook/additional-documents/alternativeagefriendlyhandbook2014pdf.pdf.

19. Sophie Handler, *An Alternative Age-Friendly Handbook* (Manchester, UK: The University of Manchester Library: 2014), https://www.architecture.com/-/media/gathercontent/age-friendly-handbook/additional-documents/alternativeagefriendlyhandbook2014pdf.pdf.

20. "The Pandemic Effect: A Social Isolation Report," AARP Foundation and United Health Foundation, October 6, 2020, https://connect2affect.org/the-pandemic-effect/.

21. Jason Daley, "The U.K. Now Has a 'Minister for Loneliness.' Here's Why It Matters," *Smithsonian Magazine*, January 18, 2019, https://www.smithsonianmag.com/smart-news/minister-loneliness-appointed-united-kingdom-180967883/

22. "Caring for Older Adults with Complex Needs in the COVID-19 Pandemic: Lessons from PACE Innovations," Better Care Playbook, June 2020, https://www.bettercareplaybook.org/resources/caring-older-adults-complex-needs-covid-19-pandemic-lessons-pace-innovations.

23. "onHand founder wins Entrepreneur for Good Award," onHand, December 15, 2020, https://www.beonhand.co.uk/onhand-blog/onhand-founder-wins-entrepreneur-for-good-award.

第 11 章

1. Tugba Sabanoglu, "U.S. Fashion and Accessories E-retail Revenue 2017–2024," Statista, November 30, 2020, https://www.statista.com/statistics/278890/us-apparel-and-accessories-retail-e-commerce-revenue/.

2. "NPR/Marist Poll of 1,057 National Adults," May 18, 2020, http://maristpoll.marist.edu/wp-content/misc/usapolls/us180423_NPR/NPR_Marist%20Poll_Tables%20of%20Questions_May%202018.pdf, 2.

3. "Founders Stories #5: Access All Areas (Silberdraht)," Vodafone Uplift, December 17, 2020, https://vodafoneuplift.de/founders-stories-5-access-all-areas-silberdraht/.

4. Robert Fairlie, Desai Sameeksha, and A. J. Herrmann, "2018 National Report on Early-Stage Entrepreneurship," Kauffman Indicators of Entrepreneurship, Ewing Marion

Kauffman Foundation: Kansas City, 2019, https://indicators.kauffman.org/wp-content/uploads/sites/2/2019/09/National_Report_Sept_2019.pdf.

5. "Self-employment in the United States," US Bureau of Labor Statistics, March 2016, https://www.bls.gov/spotlight/2016/self-employment-in-the-united-states/home.htm.

6. Pierre Azoulay et al., "Research: The Average Age of a Successful Startup Founder Is 45," *Harvard Business Review*, July 11, 2018, https://hbr.org/2018/07/research-the-average-age-of-a-successful-startup-founder-is-45.

7. "The Global Talent Crunch," Korn Ferry, https://infokf.kornferry.com/global_talent_crunch_web.html?_ga=2.95076255.2053081181.1610813922-1378629803.1610813922.

8. OECD (2020), *Promoting an Age-Inclusive Workforce: Living, Learning and Earning Longer*, OECD Publishing, Paris, https://doi.org/10.1787/59752153-en.

9. David Baxter, "Re-thinking Older Workforce Potential in an Aging World," Population Division, Department of Economic and Social Affairs, United Nations Secretariat, November 2018, https://www.un.org/development/desa/pd/sites/www.un.org.development.desa.pd/files/unpd_egm_201811_egm_david_baxter.pdf.

10. "Labour Force Participation Rate," OECD Employment Outlook, https://data.oecd.org/emp/labour-force-participation-rate.htm.

11. "About the USFWC," United States Federation of Worker Cooperatives (USFWC), December 7, 2020, https://www.usworker.coop/about/.

12. "What Do We Really Know About Worker Co-operatives?," Co-Operatives UK, pg. 20, http://efesonline.org/LIBRARY/2016/worker_co-op_report.pdf.

13. Hye Jin Rho, "Hard Work? Patterns in Physically Demanding Labor Among Older Workers," Center for Economic and Policy Research, August 2010, https://www.cepr.net/documents/publications/older-workers-2010-08.pdf.

14. "World Population Ageing 2019: Highlights," United Nations, Department of Economic and Social Affairs, Population Division, 2019, pg. 1, https://www.un.org/en/development/desa/population/publications/pdf/ageing/WorldPopulationAgeing2019-Highlights.pdf.

15. "The Longevity Economy® Outlook," AARP, https://www.aarp.org/content/dam/aarp/research/surveys_statistics/econ/2019/longevity-economy-outlook.doi.10.26419-2Fint.00042.001.pdf.

16. Matthew Boyle, "Aging Boomers Befuddle Marketers Aching for $15 Trillion Prize," *Bloomberg News*, September 17, 2013, http://www.agewave.com/media_files/09%2017%2013%20Bloomberg%20Business_AgingBoomersBefuddle%20Marketers.pdf.

17. Emma Charlton, "New Zealand Has Unveiled Its First 'Well-Being' Budget," World Economic Forum, May 30, 2019, https://www.weforum.org/agenda/2019/05/new-zealand-is-publishing-its-first-well-being-budget/.

18. "Inaugural Report: The Aging Readiness & Competitiveness Report (ARC)," AARP and FP Analytics, AARP International, 2017, https://aarpinternational.cloud.prod.iapps.com/arc/home/the-aging-readiness-competitiveness-report.

國家圖書館出版品預行編目 (CIP) 資料

超高齡紅利時代：人口未來學家帶你讀懂銀髮海嘯的危機與商機，打造長壽經濟的行動指南 / 布萊德利‧雪曼 (Bradley Schurman) 著；周宜芳，鄭淳怡譯 . -- 第一版 . -- 臺北市：天下生活出版股份有限公司 , 2024.04
320 面；14.8×21 公分 . -- (優生活；33)
譯自：The super age : decoding our demographic destiny
ISBN 978-626-7299-51-7(平裝)
1.CST: 高齡化社會 2.CST: 老化 3.CST: 人口問題 4.CST: 經濟學

544.81   113004583

訂購康健圖書的三種辦法：

◎ 天下網路書店線上訂購：shop.cwbook.com.tw
　 會員獨享：
　 1. 購書優惠價
　 2. 便利購書、配送到府服務
　 3. 定期新書資訊、天下雜誌網路群活動通知

◎ 請至本公司專屬書店「書香花園」選購
　 地址：台北市建國北路二段 6 巷 11 號
　 電話：(02) 2506 － 1635
　 服務時間：週一至週五　上午 8：30 至晚上 9：00

◎ 到書店選購：
　 請到全台各大連鎖書店及數百家書店選購

＊ 讀者服務專線：(02) 2662-0332（週一至週五上午 9：00 至下午 5：30）

超高齡紅利時代

人口未來學家帶你讀懂銀髮海嘯的危機與商機，打造長壽經濟的行動指南

The Super Age: Decoding Our Demographic Destiny

作　　者／布萊德利‧雪曼 Bradley Schurman
譯　　者／周宜芳（前言、第一部、第二部）；鄭淳怡（第三部、致謝）
封面暨內頁設計／Javick 工作室
主　　編／張紫蘭
責任編輯／王慧雲（特約）
行銷企畫／陳美萍

天下雜誌群創辦人／殷允芃
康健雜誌董事長／吳迎春
康健雜誌執行長／蕭富元
康健出版總編輯／丁希如
出 版 者／天下生活出版股份有限公司
地　　址／台北市 104 南京東路二段 139 號 11 樓
讀者服務／(02)2662-0332　傳真／(02)2662-6048
劃撥帳號／19239621 天下生活出版股份有限公司
法律顧問／台英國際商務法律事務所‧羅明通律師
排版、製版印刷／中原造像股份有限公司
總 經 銷／大和圖書有限公司　電話／(02)8990-2588
出版日期／2024 年 4 月第一版第一次印行
定　　價／500 元
Ｉ Ｓ Ｂ Ｎ／978-626-7299-51-7（平裝）
　　　　　　978-626-7299-53-1（EPUB）
書　　號／BHHU0033P

直營門市書香花園　地址／台北市建國北路二段 6 巷 11 號 電話／(02)2506-1635
天下網路書店 shop.cwbook.com.tw
康健雜誌網站 www.commonhealth.com.tw
康健出版臉書 www.facebook.com/chbooks.tw

本書如有缺頁、破損、裝訂錯誤，請寄回本公司調換